新时代智库出版的领跑者

智库中社

国家智库报告 2022（17）
National Think Tank

经 济

互联网平台企业助力共同富裕
——从"经济新动能"到"共富新使命"

胡洁 郭全中 等著

INTERNET PLATFORM ENTERPRISES ADVANCING
COMMON PROSPERITY: FROM NEW ECONOMIC
DRIVE TO NEW SOCIAL PURPOSE

中国社会科学出版社

图书在版编目(CIP)数据

互联网平台企业助力共同富裕：从"经济新动能"到"共富新使命"/ 胡洁等著. —北京：中国社会科学出版社，2022.8

（国家智库报告）

ISBN 978–7–5227–0646–7

Ⅰ.①互… Ⅱ.①胡… Ⅲ.①网络公司—作用—共同富裕—研究—中国 Ⅳ.①F124.7–39

中国版本图书馆 CIP 数据核字（2022）第 137011 号

出 版 人	赵剑英
项目统筹	王 茵　喻 苗
责任编辑	黄 丹　周 佳
责任校对	季 静
责任印制	李寡寡

出　　版	中国社会科学出版社
社　　址	北京鼓楼西大街甲 158 号
邮　　编	100720
网　　址	http://www.csspw.cn
发 行 部	010–84083685
门 市 部	010–84029450
经　　销	新华书店及其他书店

印刷装订	北京君升印刷有限公司
版　　次	2022 年 8 月第 1 版
印　　次	2022 年 8 月第 1 次印刷

开　　本	787×1092　1/16
印　　张	9.5
插　　页	2
字　　数	101 千字
定　　价	58.00 元

凡购买中国社会科学出版社图书，如有质量问题请与本社营销中心联系调换

电话：010–84083683

版权所有　侵权必究

课题负责人：

  胡 洁 中国社会科学院数量经济与技术经济研究所、中国经济社会发展与智能治理实验室研究员，中国社会科学院大学教授，博士生导师

执笔人：

  胡 洁 中国社会科学院数量经济与技术经济研究所研究员
  郭全中 中央民族大学新闻与传播学院教授
  吕 峻 中国社会科学院数量经济与技术经济研究所副研究员
  韩一鸣 中国社会科学院大学硕士研究生
  于宪荣 中国社会科学院大学博士研究生

数据资料组：

  齐海英 中国社会科学院数量经济与技术经济研究所文员
  周展慧 中国社会科学院大学硕士研究生
  陈禹熹 哥伦比亚大学在校本科生
  孟雅婧 南开大学经济学院博士研究生
  钟 咏 中国社会科学院大学硕士研究生

摘要：共同富裕是社会主义的本质要求，是中国式现代化的重要特征。本书基于政治经济学理论对共同富裕的内涵、目标、所要解决的关键问题和实现路径进行探讨；基于网络经济学理论对互联网平台企业的技术经济属性和优势进行理论分析，并结合互联网经济的发展现状、互联网平台企业助力共同富裕的实践，在理论分析与实证研究相结合的基础上，提炼互联网平台企业助力共同富裕的关键要素。本书从微观视角出发，分价值创造和价值分配两大环节，以直接价值创造、间接价值创造、初次分配、再分配、三次分配五个维度构建互联网平台企业助力共同富裕的评价模型。选取2020年年底前在境内外上市的互联网平台企业（共计41家）为研究样本，利用2018—2020年的数据对互联网平台企业助力共同富裕的贡献进行测度。结果发现，互联网平台企业已经成为不断推进中国社会共同富裕必不可少的力量。互联网平台企业具有巨大的价值创造能力，并通过价值分配助力实现共同富裕；头部互联网平台企业在助力共同富裕中作用显著，但不同类型互联网平台企业助力共同富裕的方式不同。新发展阶段，互联网平台企业肩负促进共同富裕新使命，要充分利用其数据、技术和网络优势，积极转换角色、主动谋变、互利共生，让更多产业、企业和消费者共享数字红利，让亿万人民在共享互联网经济发展成果上有更多获得感、幸福感和安全感。

关键词：共同富裕；互联网平台企业；互联网经济；数字经济；数字产业化

Abstract: Common prosperity is the essential requirement of socialism and an important feature of Chinese-styled modernization. Based on the theory of political economy, this book discusses the connotation of, objectives of, key issues in, and the path to realize common prosperity. Based on theoretical network economic analysis, this book investigates the technical and economic properties and advantages of online platform enterprises; it also combines findings on the development of the digital economy and the practice of online platforms in promoting common prosperity. Rooted in both theoretical analysis and empirical research, this book distills the key elements for online platform enterprises to achieve common prosperity. From a micro perspective, the book constructs an evaluation model for these digital enterprises to advance common prosperity in two major ways: value creation and value distribution, in addition to the five dimensions of direct value creation, indirect value creation, primary distribution, redistribution and tertiary distribution. A total of 41 listed online platform enterprises at home and abroad from 2018 to 2020 are selected as research samples to measure their contribution to promoting common prosperity. The results show that these enterprises have great ability to generate value and help achieve common prosperity through value distribution. Online platform enterprises play a significant role in promoting common prosperity, but different types of platform enterprises contribute to common prosperity in different ways. In newer stages of development, online platform enterprises shoulder the mission of promoting common prosperity, should make full use of its own data, technology and network advantages, actively change roles, seek out initiatives for inclusive and balanced development, allow the digital dividend benefit more industries, businesses and consumers, and let hundreds of millions of people in a shared digital economy have an increased sense of gain, happiness, and belonging.

Key Words: Common prosperity, Internet platform enterprises, Internet economy, Digital economy, Digital industrialization

目　录

一　研究背景 …………………………………（1）
　（一）中国全面建成小康社会，但收入差距仍
　　　　较大 …………………………………（1）
　（二）小康建成再出发，大步迈向共同富裕新
　　　　阶段 …………………………………（2）
　（三）互联网企业带来经济新动能 ……………（3）
　（四）互联网平台企业助力共同富裕责无
　　　　旁贷 …………………………………（12）

二　互联网平台企业助力共同富裕理论分析 ……（14）
　（一）关于新时代共同富裕的阐释 ……………（15）
　（二）实现共同富裕的路径 ……………………（18）
　（三）互联网平台企业的特征与优势 …………（22）
　（四）互联网平台企业助力共同富裕的
　　　　机理 …………………………………（30）
　（五）互联网平台企业助力共同富裕的
　　　　路径 …………………………………（35）

三 互联网平台企业助力共同富裕的实践 …… (41)
- （一）数字产业化直接创造价值 …… (41)
- （二）互联网平台企业推动产业数字化 …… (46)
- （三）互联网平台外溢效应的间接价值创造 …… (49)
- （四）互联网平台企业科技创新驱动经济发展新动力 …… (51)
- （五）互联网平台企业助力精准扶贫与乡村振兴 …… (52)
- （六）互联网平台企业全方位助力三次分配 …… (54)
- （七）互联网与数字化助力疫情防控与小微商家 …… (56)

四 互联网平台企业助力共同富裕指数 …… (57)
- （一）评价模型 …… (57)
- （二）互联网平台企业助力共同富裕综合指数 …… (61)
- （三）互联网平台企业助力共同富裕分指数、子指数 …… (62)
- （四）互联网平台企业助力共同富裕分类指数 …… (63)
- （五）分析与发现 …… (67)

五 领先互联网平台企业的实践经验总结 …… (73)
- （一）发挥平台优势，赋能产业数字化 …… (74)

（二）发力基础研究，探索数智科技创新 …… (77)
　　（三）发挥生态优势，助力稳就业保民生 …… (81)
　　（四）秉承科技向善，推动公益数字化 ……… (84)
　　（五）探索有效模式，助推乡村振兴 ………… (85)

六　互联网平台企业助力共同富裕的新使命 …… (90)
　　（一）当前互联网平台企业助力共同富裕
　　　　 存在的问题 …………………………………… (91)
　　（二）未来互联网平台企业助力共同富裕的
　　　　 新使命 ………………………………………… (92)

附录一　互联网平台企业助力共同富裕案例 …… (101)
　　（一）案例1：阿里巴巴"淘宝村计划" …… (101)
　　（二）案例2：腾讯"微信支付全国小店烟火
　　　　 计划" ………………………………………… (103)
　　（三）案例3：京东"产业带计划" ………… (106)
　　（四）案例4：拼多多"百亿农研专项
　　　　 计划" ………………………………………… (109)
　　（五）案例5：字节跳动"山货上头条" …… (111)
　　（六）案例6：快手"幸福乡村带头人
　　　　 计划" ………………………………………… (115)
　　（七）案例7：美团"乡村振兴电商带头人
　　　　 计划" ………………………………………… (117)
　　（八）案例8：百度"互联网+精准扶贫" …… (119)
　　（九）案例9：网易公益"一块屏" ………… (121)
　　（十）案例10："腾讯公益平台" ………… (124)

附录二 评价方法说明 (128)

（一）指导原则 (128)

（二）评价方法选择 (129)

（三）样本与数据 (129)

（四）权重的确定 (131)

（五）指数测度 (134)

主要参考文献 (135)

后 记 (137)

一　研究背景

改革开放 40 余年来，中国经济取得了举世瞩目的巨大成就，但发展不平衡的问题仍然突出，严重制约了经济社会高质量发展。中国在完成全面脱贫、全面建成小康社会的历史性艰巨任务之后，开启了实现共同富裕的新征程。互联网企业[①]尤其是互联网平台企业[②]作为数字经济的重要组成部分，是中国经济高质量发展的新动能，未来在迈向共同富裕的新征程中将肩负新使命。

（一）中国全面建成小康社会，但收入差距仍较大

改革开放以来，中国经济社会快速发展。从 1978

[①] 本书所称"互联网企业"泛指互联网行业内的企业，互联网平台企业是互联网企业的核心组成部分。
[②] 本书所称"互联网平台企业"是指通过网络信息技术，为相互依赖的双边或多边客户群体提供交互载体，以此为双边或多边客户创造商业价值并从中取得收益的经济组织，其本质是降低搜索和匹配的成本，从而为供需等平台参与各方提供交易机会。

年到 2020 年的 40 余年间，中国 GDP 增长了 274.52 倍；[①] 人均 GDP 增长了 185.57 倍，2020 年人均 GDP 已经突破 1 万美元；人均可支配收入增长了 187.24 倍，2020 年人均可支配收入达到 32189 元。尤其是中国脱贫攻坚战取得了全面胜利，现行标准下 9899 万农村贫困人口全部脱贫，832 个贫困县全部摘帽，12.8 万个贫困村全部出列。区域性整体贫困得到解决，完成了消除绝对贫困的艰巨任务，2021 年实现了全面脱贫。

中国经济社会在快速发展的同时，收入差距不断扩大、经济发展不平衡的问题凸显。21 世纪以来，中国收入差距的基尼系数在 0.491 和 0.462 之间摆动，持续保持在高位水平。城乡收入差距明显。2020 年城乡人均可支配收入差距最大的西部地区达到了 2.66 倍。地区收入差距悬殊。2021 年，人均可支配收入最高的上海（78027 元）是最低的甘肃（22066 元）的 3.54 倍。低收入群体仍占较大比例。有四成的居民人均可支配收入低于 16500 元，而更是有六成的农村居民人均可支配收入不超过 15000 元。

（二）小康建成再出发，大步迈向共同富裕新阶段

党的十八大以来，中国采取各种措施大力解决收入差距难题。在指导思路上，在效率和公平的关系上，

[①] 根据国家统计局数据计算，下同。

更加强调公平的重要性；在实现路径上，通过全国脱贫攻坚战实现了全面脱贫。习近平总书记在庆祝中国共产党成立100周年大会上庄严宣告，"经过全党全国各族人民持续奋斗，我们实现了第一个百年奋斗目标，在中华大地上全面建成了小康社会，历史性地解决了绝对贫困问题"。

在全面建成小康社会后的新发展阶段，中国开启了扎实推动共同富裕的新征程。在2021年8月17日召开的中央财经委员会第十次会议上，习近平总书记强调，共同富裕是社会主义的本质要求，是中国式现代化的重要特征，要坚持以人民为中心的发展思想，在高质量发展中促进共同富裕。

（三）互联网企业带来经济新动能

发轫于20世纪90年代的互联网企业，受惠于巨大的时代红利，从无到有、从小到大、从弱到强，在短短的20多年的时间内超高速发展，已经成为数字经济建设的主力军、国际互联网版图的关键一极。互联网企业作为经济新动能，在促进中国经济的数字化转型方面起到至关重要的作用。一方面体现在数字产业化，互联网行业已经成为数字经济的重要驱动力和重要组成部分；另一方面体现在产业数字化，互联网企业利用其先进的数字化技术、庞大的用户规模等，助力传统产业的数字化转型升级，为经济持续健康发展增添新动能。

1. 互联网企业是数字产业化的核心和骨干

中国互联网企业充分利用边际成本趋向于零、边际收益递增的互联网新经济的规律特征,通过多轮融资,打造了众多技术先进、用户规模庞大、业态丰富多样的互联网企业;并创新了不少新业态、新产业、新模式,已经成为中国经济尤其是数字经济的重要组成部分。

第一,中国网民规模、手机网民规模、手机网民渗透率处于世界首位。根据 CNNIC 发布的第 49 次《中国互联网络发展状况统计报告》(以下简称《网络报告》),截至 2021 年 12 月,中国网民规模达到 10.32 亿人,互联网普及率为 73.5%。其中,手机网民规模为 10.29 亿人,渗透率为 99.7%,居于世界首位(见图 1、图 2)。

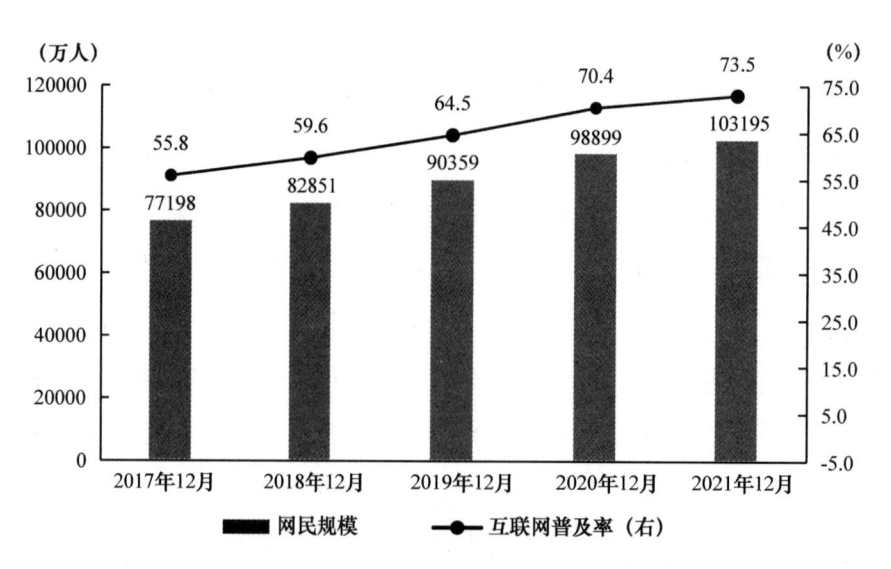

图 1　2017—2021 年中国网民规模和互联网普及率

资料来源:CNNIC 发布的《中国互联网络发展状况统计报告》。

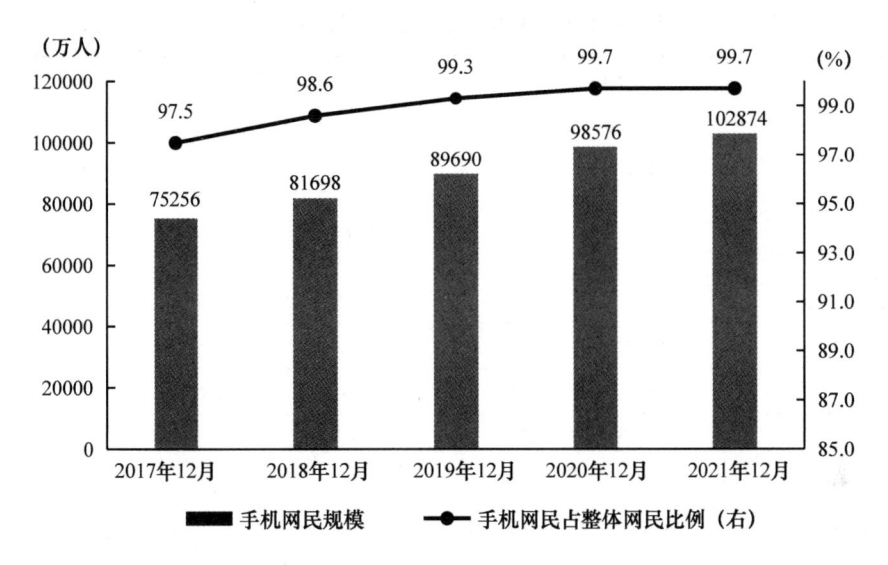

图 2　2017—2021 年中国手机网民规模和手机网民占整体网民比例

资料来源：CNNIC 发布的《中国互联网络发展状况统计报告》。

第二，创新了诸多新业态。互联网创造和创新了诸多新业态，《网络报告》显示，截至 2021 年 12 月，中国即时通信的用户规模为 10.07 亿人，网络视频（含短视频）的用户规模为 9.75 亿人，网络支付的用户规模为 9.04 亿人，网络购物的用户规模为 8.42 亿人，网络游戏的用户规模为 5.54 亿人，网络直播的用户规模为 7.03 亿人。在线医疗、在线办公、网上外卖等新业态增长较快。其中，在线医疗的用户规模为 2.98 亿人，同比增长 38.7%；在线办公的用户规模为 4.69 亿人，同比增长 35.7%；网上外卖用户规模为 5.44 亿人，同比增长 29.9%（见表 1）。

表1　　　各类互联网应用用户规模和网民使用率　　　（单位：万人，%）

应用	2020年12月 用户规模	2020年12月 网民使用率	2021年12月 用户规模	2021年12月 网民使用率	增长率
即时通信	98111	99.2	100666	97.5	2.6
网络视频（含短视频）	92677	93.7	97471	94.5	5.2
短视频	87335	88.3	93415	90.5	7.0
网络支付	85434	86.4	90363	87.6	5.8
网络购物	78241	79.1	84210	81.6	7.6
搜索引擎	76977	77.8	82884	80.3	7.7
网络新闻	74274	75.1	77109	74.7	3.8
网络音乐	65825	66.6	72946	70.7	10.8
网络直播	61685	62.4	70337	68.2	14.0
网络游戏	51793	52.4	55354	53.6	6.9
网络文学	46013	46.5	50159	48.6	9.0
网上外卖	41883	42.3	54416	52.7	29.9
网约车	36528	36.9	45261	43.9	23.9
在线办公	34560	34.9	46884	45.4	35.7
在线旅行预订	34244	34.6	39710	38.5	16.0
在线医疗	21480	21.7	29788	28.9	38.7
互联网理财	16988	17.2	19427	18.8	14.4

资料来源：CNNIC发布的第49次《中国互联网络发展状况统计报告》。

第三，数字新产业蓬勃成长。互联网通过与用户建立起双向互动、及时反馈的紧密连接，激活了用户众多潜在需求，创造和创新了众多新产业，如电子商务、互联网营销、互联网广告、网络游戏等新产业。根据国家统计局的数据，2021年，全国网上零售额达13.1万亿元，同比增长14.1%，增速比2020年快3.2个百分点。其中，实物商品网上零售额达10.8万亿元，首次突破 10 万亿元，同比增长 12.0%，占社会消费品零售总额的比重为 24.5%，对社会消费品零售总额增长的贡献率为 23.6%。据中关村互动营销实验室发布的《2021 年中国互联网广告数据报告》，从整体上来看，2021 年中国的互联网营销市场收入约为 11608 亿元，较 2020 年增长 11.01%。其中，中国互联网广告收入突破 5000 亿元大关，达到了 5435 亿元（不含港澳台地区），同比增长 9.32%。据中国音数协游戏工委（GPC）与中国游戏产业研究院发布的《2021 年中国游戏产业报告》，2021 年，中国游戏市场的实际销售收入为 2965.13 亿元，较 2020 年增收 178.26 亿元，同比增长 6.4%。

2. 互联网企业利用先进的数字化能力助力传统产业数字化

互联网企业植根于服务消费互联网。近几年，随着服务 C 端的消费互联网增长见顶，阿里巴巴、腾讯、百度、京东等企业纷纷布局产业互联网，走上了具有中国特色的 C2B2C 的道路。即从 C 端用户出发，从连接消费者到连接为消费者提供服务的厂商，从连接消费场景下的人到连接工作场景下的人，将互联网的数字连接扩展到为消费者提供产品和服务的各个环节。从而重构产业结构，提升产业效率，催生新的价值。中国的平台经济也因此进入了产业互联网的新阶段。

产业数字化是指在新一代数字科技的支撑和引领下，以数据为关键要素，以价值释放为核心，以数据赋能为主线，以数字科技企业为驱动，对产业链上下游的全要素进行数字化升级、转型和再造的过程。产业数字化可以分为微观、中观和宏观三个层面，从微观层面来看，数字化助力传统企业涅槃，帮助企业降本增效；从中观层面来看，数字化促进产业提质增效，重塑产业分工协作新格局；从宏观层面来看，孕育新业态、新模式，加速新旧动能转换。

互联网平台企业积极投入云计算、人工智能、物联网、大数据、区块链等新一代信息技术的研发，推动产业互联网在工业、农业、服务业等各行各业的深入应用。其中，工业领域数字化包括智能制造、网络化协同制造、服务型制造等；农业数字化包括产前科学规划、产中精细管理、产后高效提升等；服务业数字化包括数字零售、数字金融、数字教育、数字医疗、数字交通、数字旅游等。

和消费互联网相比，产业互联网蕴含着巨大的商业潜力。仅从App的数量来看，整个消费互联网现有的App数量不到1000万；而仅在工业领域，产业互联网需要的App数量就高达6000万。此外，在农业数字化方面，互联网企业助力产业数字化也大有作为。在互联网的大范围普及和互联网新应用的快速迭代下，手机成了新农具，数据成为新农资，直播成为新农活；互联网助力农产品产销对接、电商促销、"互联网+"农产品出村进城工程；各地用好互联网，完善提升产业链，促进农产品网络销售、优质优价。2021年全国农村网络零售额达2.05万亿元，比2020年增长11.3%，其中农产品网络零售额达 4221 亿元。

毫无疑问，全球正在经历新一代信息技术革命推动的第四次产业革命，其鲜明特点就是创新驱动数字经济发展，为像中国这样的后发经济体提供了从追赶到领先的"弯道超车"的历史机遇。如果能够成功把握机遇，实现产业转型升级，中国将顺利跨越中等收入陷阱，实现高质量发展，进入发达经济体行列，为实现共同富裕打下坚实的基础。

3. 作为经济新动能的互联网企业在经济高质量发展中贡献大

我国互联网企业作为数字产业化的主力军和产业数字化的重要支撑力量，是数字经济的重要组成部分，已经成为中国经济高质量发展的新动能和贡献的关键力量。

第一，互联网企业在数字经济发展中起着关键作用。数字经济是互联网经济的高级形态和新发展阶段，中国高度重视互联网经济和数字经济发展，在数字经济领域已经走在了全球前列。2017 年，中国政府工作报告提出要推动"互联网＋"深入发展、促进数字经济加快成长；党的十九大报告正式提出"数字中国"战略，此后又将数据要素定位为新生产要素，与土地、劳动力、资本、技术并列；《中华人民共和国国民经济和社会发展第十四个五年规划和 2035 年远景目标纲要》单篇论述了"加快数字化发展建设数字中国"，提出了"打造数字经济新优势"，推动"数字产业化"和"产业数字化"转型；2021 年 12 月发布的《"十四五"数字经济发展规划》提出,"十四五"时期,中国数字经济转向深化应用、规范发展、普惠共享的新阶段。经过近些年的高速发展,数字经济发展速度之快、辐射范围之广、影响程度之深前所未有,正推动生产方式、生活方式和治理方式深刻变革,成为重组全球要素资源、重塑全球经济结构、改变全球竞争格局的关键力量。2020年,中国数字经济核心产业增加值占国内生产总值(GDP)的比重达到7.8%。数字经济已经成为中国经济高质量发展的新动能和核心力量,在未来中国经济的可持续发展和数字化转型中将发挥更为关键的作用。

数字经济与经济高质量发展一脉相承,本质都是创新驱动。所谓高质量发展,就是能够很好地满足人民日益增长的美好生活需要的发展,是体现新发展理念的发展,是创新成为第一动力、协调成为内生特点、绿色成为普遍形态、开放成为必由之路、共享成为根本目的的发展。数字经济是以数据资源为关键要素,以现代信息网络为主要载体,以信息通信技术融合应用、全要素数字化转型为重要推动力,促进公平与效率更加统一的新经济形态。中国信息通信研究院把数字经济分为数字产业化、产业数字化、数据化治理、数据价值化四部分。

从数字经济的内涵、构成和发展可以清楚地看出,互联网企业是数字经济发展中的核心市场主体和关键组成部分,是当之无愧的经济高质量发展的新动能。尤其是在"十三五"时期,中国数字技术与各行业加速融合，电子商务蓬勃发展，移动支付广泛普及，在线学习、远程会议、网络购物、视频直播等生产生活新方式加速推广，有力地促进了中国经济高质量发展。

第二，互联网企业在经济发展新动能中贡献最大。国家统计局发布的数据显示，2015—2020年中国经济发展新动能指数分别为119.6、146.9、191.2、257.9、325.5和440.3，同比分别增长19.6%、22.8%、30.2%、34.9%、26.2%和35.3%。2020年各项分类指数与2019年相比均有提升。其中，网络经济指数达1323.6，比2019年大幅增长54.8%，增长速度最快；对总指数增长的贡献率为81.7%，贡献力度最大（见图3）。

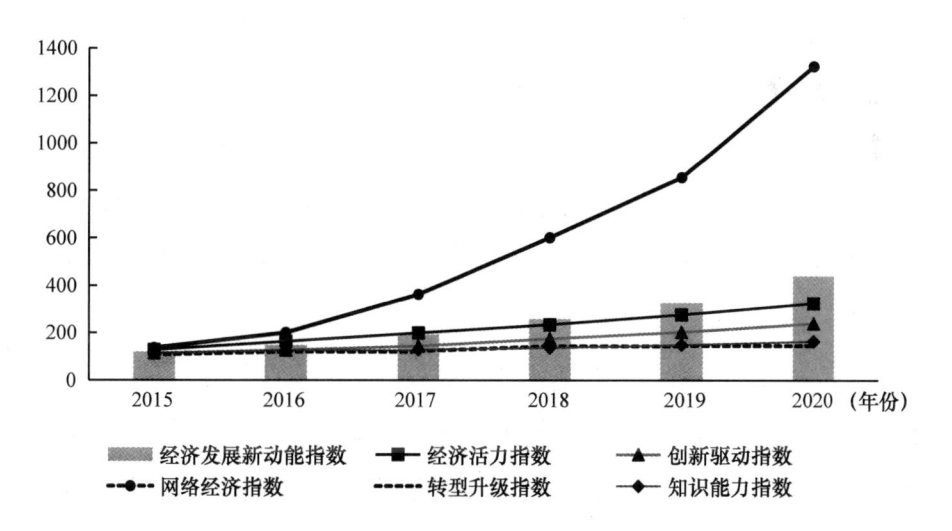

图3 2015—2020年经济发展新动能指数及分类指数

注：2014年=100。

资料来源：国家统计局网站。

（四）互联网平台企业助力共同富裕责无旁贷

自 1994 年互联网正式进入中国以来，得益于庞大的人口基数、巨大的市场空间和相对宽松的政策环境等时代红利，中国互联网行业和互联网企业从无到有、从小到大、从弱到强，快速发展成为技术领先、规模巨大、实力雄厚的行业和企业群体。互联网企业已经成为中国经济社会发展的中坚力量。互联网平台企业已形成了中美两强相争的新格局，中国成为世界互联网版图的关键一极。

经过二十多年的高速发展，中国互联网企业创造了规模较大的经济价值和社会价值，为中国全面建成小康社会做出了较大贡献。互联网平台企业作为互联网企业的主力军，规模越大、能力越大、责任越大，凭借其体量、技术、规模优势，未来必将在共同富裕建设中做出更大的贡献。

助力共同富裕也是互联网平台企业可持续发展的内生需求。2021 年，腾讯、阿里巴巴、美团、58 同城、字节跳动、拼多多、京东等先后宣布启动共同富裕专项计划和行动。互联网平台企业拟投入千亿资金用于承担更多社会责任，推进共同富裕。腾讯把推动"可持续社会价值创新"纳入公司发展战略，成立"可持续社会价值创新事业部"，探索用商业可持续的方式，对包括基础科学、教育创新、乡村振兴、碳中和、FEW（食物、能源、水）、公众应急、养老科技和公益数字化等领域展开探索。阿里巴巴也提出把ESG（环境、社会、公司治理）责任和共同富裕作为公司的两大社会责任战略。京东、美团等企业也开始主动披露有关促进就业、低碳环保、骑手权益保护等的社会责任报告。由此可见，互联网平台企业尤其是头部企业越来越深刻地认识到承担社会责任是企业竞争力的核心组成部分和企业长期发展的需要。只有与国家、时代、社会的需求同呼吸、共命运，才能推动中国经济的高质量发展，企业也才能行稳致远。

二 互联网平台企业助力共同富裕理论分析

共同富裕是社会主义的本质要求,是自古以来中国人民的基本理想,更是中国共产党人始终如一的根本价值取向。中国古代思想家把人类理想社会设定为"小康"和"大同"。中国历来高度重视共同富裕,从不同角度强调了共同富裕的目标。尤其是党的十八大以来,以习近平同志为核心的党中央牢记为中国人民谋幸福、为中华民族谋复兴的初心使命,历经艰苦奋斗,2021年在纪念建党100周年的时候,在中华大地上全面建成了小康社会。习近平总书记深刻把握发展阶段新变化,又领导全国人民踏上了推动共同富裕的新征程,把逐步实现全体人民共同富裕摆在更加重要的位置,开启了扎实推动共同富裕的历史新阶段,力争在21世纪中叶即建国100周年时,基本实现全体人民共同富裕,即基本实现"大同"。

（一）关于新时代共同富裕的阐释

1. 共同富裕的内涵

根据习近平总书记的一系列重要论述和党的十九届五中全会精神，共同富裕的基本内涵可以概括为全民富裕、全面富裕、渐进富裕和共建富裕。

（1）全民富裕

中国共产党始终代表全体人民的根本利益、共同利益，坚持发展为了人民、发展依靠人民，发展成果人民共享。因此，共同富裕是包括每个中国人在内的全体人民的富裕，而不是少数人的富裕，更不是特殊阶层的富裕。

（2）全面富裕

共同富裕既包括物质层面的物质生活富裕，又包括精神层面的精神生活富裕。物质生活富裕包括收入层面、财富层面、公共服务、基础设施、生态环境等多个方面，精神生活富裕包括社会公民身份平等、机会平等、待遇平等、提升人民群众精神文化水平等。

（3）渐进富裕

生产力发展的不同阶段，物质生活和精神生活之间，以及物质生活和精神生活内部不同内容之间，实现富裕必然存在先后顺序，要允许人民群众在追求美好生活进程中形成多样化、多层次、多方面的渐进富裕。因此，推进共同富裕要在动态发展中不断前进、循序渐进，包括不同群体、不同内容、不同地区三个方面的循序渐进。

（4）共建富裕

共同奋斗是实现共同富裕的根本方法，通过共同奋斗实现共同富裕，即人人参与、人人努力的共建是共同富裕的基础，而人人共享则是共同富裕的结果。从"共建"走向"共富"，要充分激发全体人民的能动性和创造力，鼓励劳动者通过辛勤劳动、创新劳动、创业劳动实现增收致富，不断提高劳动生产率和全要素生产率，让一切创造财富的源泉充分涌流。同时，不断完善公平分配机制，按照多劳多得、不劳不得、按贡献分配的原则，允许富裕存在先后差别和合理差距。

2. 共同富裕的基础

共同富裕的基础是强大的价值创造能力。价值创造是共同富裕的前提和基础，只有"蛋糕"做大了才能更好地进行财富分配，否则只能是共同贫困。中国彻底消除绝对贫困现象和全面建成小康社会的伟大实践都是以经济高速发展为基础和前提的。

当前，国际国内环境出现超预期变化，百年变局与世纪疫情相互交织，国内经济下行压力进一步加大。实现共同富裕的关键是保持经济的持续增长，实现更大的价值创造。未来要实现共同富裕，更需要长期坚持以经济建设为中心，充分激发企业、员工以及全社会的活力和积极性，更好地促进经济发展，为收入分配和共同富裕打下坚实的基础。在体制机制改革方面，需要加快完善社会主义市场经济体制，积极推进要素市场化配置改革，推动构建高标准市场体系，建立全国统一大市场，充分发挥各类市场主体特别是广大民营经济在创造财富、提供就业、创新创业中的活力、创造力和竞争力，坚定不移地通过市场化改革为高质量发展提供不竭动力。

3. 共同富裕的内容

共同富裕包括物质生活富裕和精神生活富裕，是人民群众物质生活富裕和精神生活富裕的统一。其中，物质生活富裕是基础需求，精神生活富裕是高层次需求，是更高层次的富裕。党的十九大报告指出，中国特色社会主义进入新时代，中国社会主要矛盾已经转化为人民日益增长的美好生活需要和不平衡不充分的发展之间的矛盾。实现物质生活共同富裕和精神生活共同富裕的平衡，不断增强人民群众的获得感、幸福感、安全感。

4. 实现共同富裕要解决三大难题

实现共同富裕要缩小收入差距、地区差距和城乡差距，其中收入差距是核心问题。

对于城乡差距和地区差距，需要国家出台乡村振兴等相关政策协调城乡间、地区间的发展，加大转移支付力度、提升转移支付绩效来支持农村和落后地区发展。

对于核心难题——收入差距，一方面需要创造更多、更好的就业机会，需要营造创新创业、包容试错的社会氛围，大力鼓励企业家创办新企业、创造新就业；另一方面则需要进一步改革完善收入分配制度，扩大中等收入群体占比。一是坚持按劳分配为主体、多种分配方式并存，提高劳动报酬在初次分配中的比重。二是加大税收、社会保障、转移支付等再分配调节力度和精准性，加强对中低收入群体的支持。三是发挥慈善等三次分配作用，更好地激活社会的慈善意愿，促进慈善等社会公益事业快速规范发展，推动改善收入和财富分配格局。

5. 共同富裕的核心

实现共同富裕的核心是扩大中等收入群体。关键是要通过提高中低收入者的收入，特别是要提高劳动力价值和报酬，从而减少低收入群体规模；激发技能人才、科研人员、小微创业者、高素质农民等重点群体活力，扩大中等收入群体规模，不断提高中等收入群体的比重，形成中间大、两头小的"橄榄"型社会结构，促进社会公平正义，促进人的全面发展。

（二）实现共同富裕的路径

共同富裕是坚持以人民为中心的发展思想，在高质量发展中促进共同富裕，正确处理效率和公平的关系，构建初次分配、再分配、三次分配协调配套的基础性制度，优化收入分配结构，调动各方面积极性，促进经济发展方式转变，维护社会公平正义与和谐稳定，实现发展成果由人民共享。实现共同富裕的路径包括价值创造和价值分配，具体体现为企业规范健康持续发展进而推动经济社会的高质量发展，以及更有效率的初次分配、更加公平的再分配和更优化、更广泛的三次分配。

1. 企业规范健康持续发展为共同富裕提供微观基础

企业作为经济社会的基本细胞与市场主体，是社会物质财富的创造者和就业机会的提供者。共同富裕是效率与公平的统一，激发各类市场主体活力、解放和发展社会生产力，没有企业的规范健康持续发展，共同富裕就是无源之水、无本之木。价值创造是共同富裕的前提和基础，而高质量发展是新阶段价值创造的必然要求。高质量发展就是要回归发展的本源，在增加社会总体财富、共享发展成果和扩大中等收入群体的框架内，实现大多数人的社会效用最大化。

企业为共同富裕做贡献有多种渠道和方式，最基本的就是要做到合法诚信经营，照章纳税，履行社会责任，善待员工和客户，保护劳动者和消费者合法权益，办好自己的企业，为社会创造财富。这是企业的"本分"，也是企业为共同富裕做贡献的"正道"。

2. 初次分配注重效率，让一部分人先富起来

初次分配是指市场经济体系中基于市场机制，按照各种要素在生产中的贡献进行分配，如劳动、资本、技术、管理等要素按贡献参与分配。初次分配是基础，重在效率，是利用市场的激励机制有效配置资源，提高资源使用效率，重点是创造机会公平的竞争环境，维护劳动收入的主体地位。

完善的初次分配机制，一是坚持按劳分配为主体、多种分配方式并存，着重保护劳动所得，合理提高劳动报酬及其在初次分配中的比重。健全工资合理增长机制，合理调整最低工资标准，落实带薪休假制度。二是推动实现更加充分更高质量就业。强化就业优先政策，坚持经济发展就业导向，扩大就业容量，提升就业质量，促进充分就业。三是拓宽城乡居民财产性收入渠道，探索通过土地、资本等要素使用权、收益权增加中低收入群体要素收入。四是探索创新要素参与分配机制，探索知识、技术、管理、数据等要素价值的实现形式。

3. 再分配注重公平，促进平衡发展与社会公平

再分配是指在初次分配的基础上根据公平原则对部分国民收入所进行的重新分配，是政府基于行政机制，以税收、社会保障、转移支付、提供基本公共服务为主要手段的强制性调节，从而提高公共资源配置效率。

再分配更加注重公平，一是通过税收、加大转移支付等调节力度和精准性，加强对高收入的规范和调节。完善个人所得税制度，规范管理资本性所得。依

法保护合法收入，合理调节过高收入。清理规范不合理收入，整顿收入分配秩序，坚决取缔非法收入。二是优化财政支出结构，加大保障和改善民生力度，建立健全改善城乡低收入群体等困难人员生活的政策体系和长效机制。通过完善养老、医疗、失业等社会保障体系，逐步缩小职工与居民、城市与农村的社会保障待遇差距，逐步提高城乡居民基本养老金水平。三是健全转移支付制度，缩小区域人均财政支出差异，加大对欠发达地区的支持力度。四是促进基本公共服务均等化。加大普惠性人力资本投入，有效减轻困难家庭教育负担，提高低收入群众子女受教育水平。完善兜底救助体系、住房供应和保障体系，缩小社会救助的城乡标准差异，逐步提高城乡居民最低生活保障水平，兜住基本生活底线。

4. 三次分配进一步缩小收入差距

初次分配体现效率、再分配要兼顾公平，当前中国解决了贫困问题，要强化三次分配的作用，鼓励高收入人群和企业更多回报社会。

三次分配是指企业、社会组织和个人等社会力量在自愿基础上，以募集、捐赠和资助等慈善公益方式对社会资源和社会财富进行分配，是对初次分配和再分配的有益补充。三次分配是出于道德力量的分配，不仅包括社会力量捐赠的财产，也包括社会力量所提供的志愿服务，通过奉献时间、技能或专业知识，为弱势群体提供所需要的服务，提升弱势群体物质与精神层面的获得感、幸福感。三次分配有利于缩小收入差距，实现更合理的收入分配；有利于促进社会和谐，从而形成一个良性循环，同时又符合自愿原则、公平正义原则。目前，中国虽然各种慈善和捐赠活动日益高涨，但与中国经济规模还不相匹配，与欧美发达国家相比存在一定差距。据中国慈善联合会统计，2019年中国慈善捐赠占 GDP 的比重仅为 0.15%，而美国慈善捐赠占 GDP 的比重长期维持在 2% 左右。未来中国完善相应的法律体系、社会激励体系，扩大慈善捐赠规模，从而增强三次分配对收入分配的调节作用。

（三）互联网平台企业的特征与优势

随着数字技术的不断进步，互联网所展现出的规模、效率和影响是以往任何时代都不具备的，深刻地改变了人类的生活、生产、消费和流通方式。

1. 互联网平台与共同富裕相匹配的技术特性

互联网具有的开放共享、协同融合、对等交互、去中介化等特性体现了平等互利、共建共享、普惠包容的理念，符合新时代共同富裕的内涵，与实现共同富裕的目标相一致。

（1）开放共享

互联网是一个公用的开放式系统，具有互相开放、信息共享的特性。数字信息产品多具有"共享品"特征，即一旦生产出来，在使用中就接近零边际成本。

电商促进企业向消费者开放，互联网社区也促进企业向消费者开放。互联网向社会开放企业能力与服务的同时，企业还可以向产业链或社会提供数据接口，甚至开源应用程序或操作系统的开发代码。通过跨界创新创造出适用于各行各业的新型数字产品、新业态、新服务，从而共享红利。

（2）协同融合

互联网超越时空差距，使组织与用户、人与人之间的距离零成本趋近，无障碍沟通与交流价值倍增，构建了庞大的互联网生态，把消费者组织起来；互联网连接供给与需求，从根本上改变以往的产业发展逻辑，用网络平台方式完成协同、分工和合作。因此，互联网平台本质是一张复杂的协同网络。

互联网实现跨界融合，互联网平台的产品和服务更加多元化，跨行业、产品和服务间的协同效应更为明显。互联网实现了身份融合，信息的生产者与消费者之间的界限高度模糊，"产销合一"（prosumer）新模式出现。尤其是社交、短视频、直播等互联网新技术进一步降低用户门槛，用户的参与权和表达权得到了极大的扩张。

（3）对等交互

目前为止，技术变革当中绝大部分的技术是单向的，而互联网最大的价值就是海量用户实时交互的能力。互联网的交互性有助于网上消费者和商家形成较为平等的关系。互联网企业的产品和应用与用户之间交互建立起了紧密的连接，企业可以根据用户使用情况和反馈情况，及时完善产品和服务中出现的问题，通过快速迭代创新为用户提供更好的产品和服务体验。不论是连接C端的消费互联网，还是连接B端的产业互联网，本质上都是为了更好地服务C端用户的需求，遵循以用户价值为出发点的模式，把消费者变成企业生产体系的一部分，从而客观上提升供应链、价值链的效率。

（4）去中介化

互联网实现了点到点、端到端的链接，从而呈现出去中介化的特征。互联网的去中介化是指参与者可以有话语权，并且可以发声、自由传播信息。互联网平台发挥着匹配作用，它允许市场每一方，或至少是市场一方，在另一方找到最佳经济主体（the best agent），这种经济主体就是能够产生最高盈余的参与者。[1] 匹配平台的出现是"去中介化"（dis-intermediation）过程的一部分，这一过程导致信息管理从生产/存储和交付中潜在分离出来。特别是区块链技术的发展更是进一步强化了"去中介化"特征。

2. 互联网经济的内在运行规律

新一代信息技术的快速发展，使得互联网经济的演进遵循其内在的运行规律。

（1）强调规模

互联网的梅特卡夫定律指出，网络的价值等于网

---

[1] Bruno Jullien, Wilfried Sand-Zantman, "The Economics of Platforms: A Theory Guide for Competition Policy", *Information Economics and Policy*, Vol. 54, March 2021.

络节点数的平方，即互联网网络的价值与互联网用户数量的平方成正比，表明互联网平台随着规模的扩大具有边际收益递增的显著优势，这也使得互联网平台企业必须追求规模效应。为了扩大规模，互联网平台企业应该更加注重"用户至上"，以用户价值为出发点，注重用户体验，实现用户价值与社会价值的统一，才能快速聚焦用户。同时，网络系统能够产生一种局部反馈的自增强机制。一般来说一个产品在没有形成标准，在没有达到临界容量之前，都会有一个非常长的引入期，就是说需要一段时间让消费者去了解它，去接受它。一旦达到临界点，就会产生一种局部自增强机制，在正反馈的作用下，快速起飞，在非常短的时间内就可以占领市场，最后成为竞争中的赢家，有可能形成"强者愈强""输家出局"的市场格局。网络的自增强机制使厂商可以通过预期管理的方式来扩大自己的产品网络规模。

（2）强调速度

摩尔定律指出芯片的性能每隔 18 个月就会翻一倍；吉尔德定律认为主干网的带宽每 6 个月增加一倍，至少是运算性能增长速度的三倍。摩尔定律和吉尔德定律结合在一起就反映了在网络信息通信领域技术更新升级的速度，决定了网络经济的发展日新月异，互联网企业面临着巨大的竞争压力，必须相应地快速学习、跟上行业发展步伐才能在竞争中获得一席之地。

（3）强调创新

互联网企业崛起的前提和基础是新技术组合的整

体进步，主要包括集成电路技术、移动通信技术、大数据技术、人工智能技术、云计算、多媒体等新技术，这些技术有机叠加共同驱动着互联网企业的发展。达维多定律指出在网络市场的竞争当中，如果想要在市场上长期占据主导地位，厂商必须不断自主创新，快速开发出新一代的产品，以新产品及时淘汰老产品，从而占领市场。格罗夫定律表明在网络经济下，如果一种新产品要取代原有产品，那么性价比上必须是原来产品的 10 倍，这是因为用户存在锁定和转移成本。现有企业和新企业都面临着技术快速迭代的压力。跟传统企业相比，互联网企业更加注重"用户至上"，需要把用户体验做到极致，必须不断地进行商业模式创新，从激烈的市场竞争中胜出才能生存，这决定了只有那些不断进行技术创新、模式创新，适应高速变化的市场和用户需求的企业才能实现基业长青。

（4）强调标准

互联网企业要在市场竞争中居于主导和领先地位，就必须成为市场标准、行业标准的制定者，而不是一个规则的约束者。标准促进了兼容性或者说是互联性，催生了网络平台生态，给厂商自身和消费者都带来收益。

3. 互联网平台企业的经济学属性

互联网平台企业是指通过网络信息技术，为相互依赖的双边或多边客户群体提供交互载体，以此为双边或多边客户创造商业价值并从中取得收益的经济组织。其本质是降低搜索和匹配的成本，从而为供需等平台参与各方提供交易机会。由于互联网技术本身的特点和规律，互联网平台企业具有了不同于传统企业的网络外部性和双边市场属性。

（1）网络外部性

平台经济面向的双边或多边用户群体之间存在交叉网络外部性，即任何一边用户数量的增加会提高另一边用户的效用。交叉网络外部性的存在意味着任何一边用户的需求之满足须以另一边的存在为前提，一边用户群体数量的增加会给另一边用户群体带来效用增进的正反馈效应。因此，平台必须形成一定规模的用户群体（临界规模）才能实现可持续发展。平台面对的双边或多边用户群体之间可能存在不对称的交叉网络外部性强度。

（2）双边市场属性

双边市场理论指出平台经济的核心功能在于促成双边或多边客户群体之间的直接或间接交互，即平台一方参与者加入平台的收益取决于加入该平台另一方参与者的数量，这样的市场称作双边市场。主要表现在平台型企业能够在链接市场主体进行交易活动的同时产生同边网络效应与跨边网络效应，从而产生同边用户价值与双边用户价值创造效应，最终间接性产生平台价值创造效应。换言之，平台经济模式下用户需求的满足不仅有赖于平台提供交互媒介，更为重要的是平台需要建立并维系庞大的双边或多边用户网络，如此方可确保不同类型的用户能够从直接或间接的交互中获取价值。[①]

4. 互联网平台企业助力共同富裕的优势

平台的网络效应决定了互联网平台企业具有信息数据优势、规模经济优势、范围经济优势,从而能够提供更高效、精准的服务,覆盖规模更大、范围更广的人群,为精准扶贫,带动就业,促进统一大市场的形成,缩小收入差距、城乡差距、地区差距提供有力支撑。

(1) 信息数据优势

互联网从诞生开始,就一直在不停地制造和生产信息。互联网平台企业关键作用是信息的搜索和匹配,本质上是互联网平台的知识价值与用户的数据构成的交易关系,即平台为用户提供了知识,用户拿数据和知识进行交换。平台的价值就在于解决信息的不对称性和不确定性,信息只有大规模集聚在平台上,才能由概率变成比例;由于平台参与各方存在信息的不对称,平台信息的聚合作用能够有效降低参与各方的搜索和匹配成本,从而提高交易效率。

互联网产生大数据,互联网企业有很好的数据收集能力(物联识别、爬虫、聚合),也有很好的数据加工能力(自动分类、去重、防伪鉴别)和数据存储能力(云计算、大数据平台)。大数据实际上也是大样本、全样本,企业可以基于大数据来分析趋势、捕

[①] Bruno Jullien, Wilfried Sand-Zantman, "The Economics of Platforms: A Theory Guide for Competition Policy", *Information Economics and Policy*, Vol. 54, March 2021.

捉机会。数据使用者可以更好地识别消费者需求和偏好，借此改进平台产品或服务质量以提升用户满意度并扩张用户网络，或者基于数据分析建构全新的商业模式，乃至在数据要素流通交易中发挥重要作用。另外，大数据分析可以提升不同用户群体间的交互效率，实现更加精准的匹配（广告商或平台卖家）和信息搜索成本的下降（消费者）。

（2）规模经济优势

互联网经济存在集聚阈值，集聚达到一定规模才能产生效益、阈值之前的所有费用都是投资，阈值以后才转化成运营。因此，阈值是互联网平台企业的生命线。只有达到阈值，平台才能活下去。互联网的前期成本很高，而随着用户数量的快速增加，边际成本则呈现快速下降趋势。到了用户规模的临界点，边际成本趋向于零，边际收益递增，因此互联网平台呈现规模收益递增效应。市场可能只支持少数公司。而平台差异化（platform differentiation）、用户多栖性（Multi-homing）以及平台之间互通性（interoperability）可能防止出现网络效应下的市场失衡（tipping）。因此，市场动态呈现出两个特征：第一，完全垄断不会发生；第二，优势是暂时的。[1]

（3）范围经济优势

互联网的发展打破了地域优势和信息垄断，具有

---

[1] Bruno Jullien, Wilfried Sand-Zantman, "The Economics of Platforms: A Theory Guide for Competition Policy", *Information Economics and Policy*, Vol. 54, March 2021.

强渗透性和广覆盖性特征，让各个地区和各个阶层的人都能得到一个相对公平的竞争机会。3G移动通信技术大规模商用和智能手机的大范围普及后人类社会开始真正进入移动互联网时代，低收入群体、农村、边远地区成为移动互联网用户，参与到互联网平台经济中，进一步缩小了数字鸿沟。同时，平台经济提升了交易和流通的效率，不仅帮助提升大企业的效率，也降低了中小企业和个人创业者的门槛。

（四）互联网平台企业助力共同富裕的机理

互联网所体现的开放、共享、协同、去中心化特征，正契合了共同富裕的理念、目标和要求。基于互联网平台企业的特点和所具有的优势，助力共同富裕的机制主要有价值创造机制、普惠包容机制、数字化机制、分配激励机制等。

1. 价值创造机制

一是互联网平台企业自身价值的创造是助力共同富裕的前提和基础。这就要求互联网平台企业做好自己的事情，通过科技创新、管理创新、业务创新等来提升自身的核心竞争力，打造更好的产品和服务。在自身价值创造的基础上，平台企业还要通过有效的机制提升价值创造能力，为社会创造更大的产值、更多的利润，上缴更多的税收，提供更多、更好的就业机会。

二是外溢价值的创造。互联网平台企业除了自身价值的创造以外，还通过生态构建产生外溢的效应。伴随互联网技术衍生的平台经济，可以创造出更多的财富。

采取平台生态化运营成为互联网企业典型的商业模式。平台生态化运营的关键是要打造平台企业、用户和消费者、创业企业和商家、灵活就业者等参与者的互利共赢机制，以实现平台生态参与各方的互利共生。在具体的运营中，平台企业一般会采取各种激励措施来吸引创业企业、商家、用户（消费者）、灵活就业者入驻平台，其中任何一方数量和质量的增加都会给其他参与方带来新价值，并通过先进的数字化能力、科学的协调机制、有效的激励机制来引发平台的"飞轮效应"，形成平台生态各方参与者共赢的加速发展态势。从此角度来看，良好的互联网平台生态有助于孵化、催生更多的创业企业和创业个体，创造更多的就业机会，也为中小企业、创业者和灵活就业者提供更多的收入来源。

如图4所示，良性的平台生态能够为商家和创业企业提供更多的用户和消费者，同时为用户和消费者提供更为丰富、质量更好的产品和服务，并为灵活就业者提供更多、更好的就业机会。

互利共生的平台生态能够孵化、催生更多的创业企业/个体，助力更多的商家发展壮大，并创造更多的就业机会。互联网平台企业在新技术环境下所发挥的"孵化器"作用，有力地支撑着新业态、新模式的飞速发展，从而促进经济创新发展。因此，互联网平台

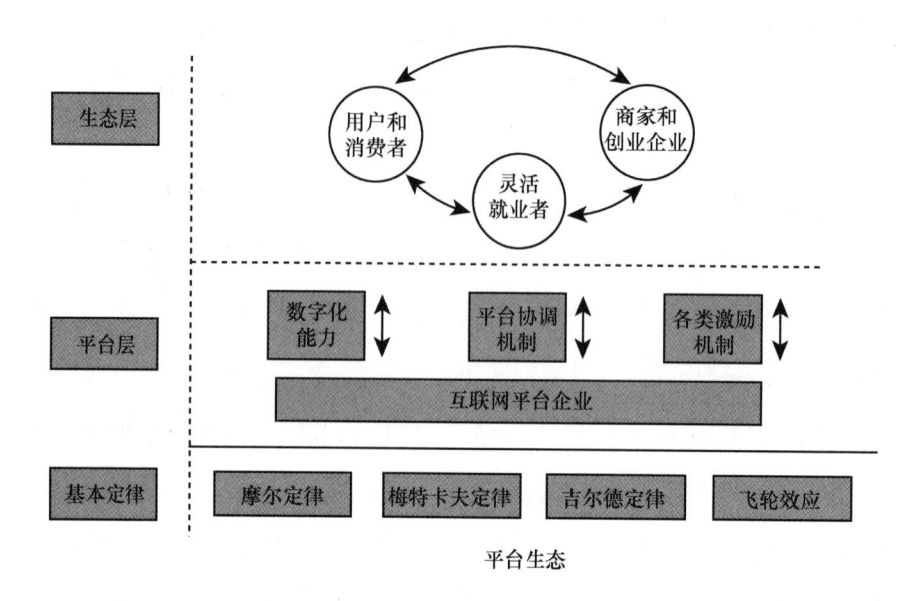

图4 互联网平台企业生态化运营示意图

企业在提升自身价值的同时具有较强的价值外溢属性。

三是数字化公共文化产品的创造。互联网平台企业一般采取"免费+收费"的商业模式，提供大量免费的数字化公共服务。提供娱乐类和信息类服务的互联网平台企业，在吸引用户时提供了大量免费新闻产品和文化娱乐产品，这些产品和服务已经成为数字化公共文化服务的核心组成部分，较好地满足了人民群众的精神文化需求，有助于精神生活富裕的实现。

2. 普惠包容机制

一是低壁垒使互联网经济具有更大的包容性。互联网技术彻底打破了时间制约与距离制约，不仅为受众和用户带来了海量的、丰富的、多层次的、及时互动的信息和知识，而且受众和用户参与的门槛急剧降低。只要懂得如何去挖掘目标客户未被满足的需求，并根据这些需求做出好的创意、好产品，就有机会成功，特别是短视频等媒介形式的出现极大地降低了门槛，用户的表达权和展示权得到了极大程度的释放，也由此带来了更多的交易机会和就业机会。

二是长尾特点扩大了互联网经济的覆盖面和流动性。安德森提出的长尾理论表明，互联网降低了获客成本，有效地提高了长尾市场的流动性。从需求曲线头部的少数大热门（主流产品和市场）转向需求曲线尾部的大量利基产品和市场。面向特定小群体的产品和服务可以和主流热点具有同样的经济吸引力。以前看似需求极低的产品，只要有卖，都会有人买。这些需求和销量不高的产品所占据的共同市场份额，可以和主流产品的市场份额差不多，甚至更大。

三是个性化、小众化为小微企业带来商机。消费需求开始离散，大一统的市场格局开始分化，互联网起到了推波助澜的作用，使小众需求、特殊需求得到满足，从而给众多的中小企业带来了机会。过去那种靠规模经济取胜的大而全模式被灵活多变的小而专模式所代替。只要中小企业懂得聚焦，懂得走差异化道路，就能做出比大企业更好的小众化产品，得到某个特定群体的偏爱。特别是在TMT领域，中小创业企业很有可能从"小众用户"产品成长为"大众用户"平台。这也是互联网行业每隔几年就有颠覆式创新，不断产生一批批新平台企业和"独角兽"企业的一个重要原因。

四是平台生态化商业模式增强了互联网经济的包容性。互联网平台企业强大的网络外部性，可以以一种普惠的形式让平台生态内的参与者都获益。云计算等基础设施服务、引流导流、销售渠道拓展等方面的普惠服务，帮助创业企业和商家更好、更快的成长，同时为用户和消费者带来更丰富、更好的产品和服务。

3. 数字化机制

互联网平台企业作为技术领先的数字化企业，通过若干年的技术研发、储备和实践，已经具备了很强的数字化能力。互联网平台企业通过数字化机制能够显著提升平台生态内企业和商家的数字化水平，帮助其降本增效，提升核心竞争力和效益。

平台利用数字技术提高了信息传递的时效，降低了信息传递的成本，打造低搜寻成本、低验证成本的机制，发挥网络效应为潜在交易伙伴提供互动服务，解决了交易双方的精准匹配和交易效率问题，快速地服务于大量客户，增强了城乡间、区域间经济活动关联的广度和深度。

数字技术创新与商业模式创新交织，不仅产生了新产品、新产业，还促进了传统产业升级转型，从而促进经济转型升级。数字经济的空间溢出效应有助于形成地区间协调发展的经济格局。研究表明，数字经济明显地促进了城市经济发展质量的提升，而且可通过空间外溢效应作用于邻近地区的经济发展。

4. 分配激励机制

运行机制要求互联网平台生态中的利益相关方互利共生，一起成长壮大，即互联网平台企业只有在实现了平台生态各利益相关方的良性互动和健康发展后才能实现自身的可持续发展。从长期发展来看，平台生态各方一荣俱荣、一损俱损，本质上要求平台参与各方实现合作共赢，进而实现共同发展、共同富裕。

平台生态涉及利益主体多，利益关系复杂，这就需要科学的分配激励机制来"奖优罚劣"，避免出现"劣币驱逐良币"。科学而有效的分配激励机制能够兼顾平台、企业（商家）、用户、灵活就业者等各方利益，同时也能够根据对平台生态不同的贡献度而给予不同的激励。例如，外卖平台与商家、外卖骑手之间的利益分配机制至关重要，如果不能实现三方的互利共赢，就会带来严重问题。

（五）互联网平台企业助力共同富裕的路径

基于互联网平台企业助力共同富裕的实践和未来可能，互联网平台企业助力共同富裕的内容可以分为物质生活富裕和精神生活富裕。实现共同富裕的路径可以通过价值创造做大"蛋糕"和价值分配分好"蛋糕"两大环节，其中价值创造环节包括直接价值创造和间接价值创造两条路径，价值分配环节主要是通过初次分配、再分配、三次分配来实现。

表2　　　　　互联网平台企业助力共同富裕的路径和内容

	路径	具体内容
价值创造	直接价值创造	企业的物质产出（产品和服务），体现为企业的经济绩效
	间接价值创造	体现为企业对创新创业的贡献、对就业的贡献、对消费的拉动、对助农和乡村振兴的贡献
价值分配	初次分配	包括企业各生产要素的分配：劳动报酬、资本报酬、企业与上游供应商及下游客户（消费者）的利益分配
	再分配	企业上缴的税费、给员工缴纳的社保费
	三次分配	企业自身捐赠金额、企业设立平台捐赠额、其他助力共同富裕措施等；企业创始人与员工捐赠等

1. 互联网平台企业创造的直接价值

互联网平台企业自身价值创造是助力共同富裕的坚实基础。近年来中国互联网企业的快速发展，形成了一批规模较大、有国际影响力的平台企业，在提高资源配置效率、推动技术创新和产业变革、优化社会公共服务、畅通国内国际"双循环"等方面发挥了重要作用，日益成为建设网络强国和推动中国经济社会高质量发展的中坚力量，而且成为中国数字经济发展的骨干力量。

由于互联网相关产品中的免费属性，互联网企业对经济社会发展带来的实际贡献、给用户带来的效用远远超过互联网的产值。互联网平台企业在资本市场的估值也远超传统企业，也为股东带来回报。

互联网平台企业尤其是综合性、社交娱乐类、新闻资讯类互联网平台企业除了在物质生活富裕方面做出突出贡献之外，在精神生活富裕方面也已经发挥了重要作用，而未来将会发挥更为关键的作用。互联网平台企业给广大的网民和用户提供海量、丰富的免费文化产品和服务。随着自媒体、短视频时代的到来，人人都有麦克风，人人都可以是自媒体，人人都可以是内容创作者，更是激活了整个社会的创作激情，并通过新技术大幅度提升内容分发能力和分发效率，为人民群众提供了更丰富、多样的精神内容。目前互联网平台企业和应用已经成为用户获取资讯、娱乐内容、产品和服务的主要入口，在精神生活富裕建设中起着至关重要的作用。

2. 互联网平台企业创造的间接价值

价值外溢是互联网平台企业助力共同富裕的主要途径，主要体现为互联网平台企业对创新创业的贡献、对就业的贡献以及对助农和乡村振兴的贡献。

（1）对创新创业的贡献

互联网平台企业的生态特性决定了其具有很强大的正外部性，能够形成辐射力极强的共同富裕生态。其中，平台企业的用户数是整个生态繁荣的基础和"血液"，系统化技术解决方案是"骨骼"，平台企业的让利和良性治理机制是驱动。平台企业利用自身的先进技术能力，为生态打造了技术领先、用户体验好、价值变现闭环的系统解决方案，孵化了大量的创新企业和个体创业者，提供了数以千万计的就业新机会。

互联网平台企业大力提升自主创新能力。互联网对产业创新的影响机制主要体现在新理念、新用户（用户规模、用户权利）、新产业、新业态、新模式等方面。互联网平台企业引领、带动了新兴产业和新兴市场的发展。互联网平台企业已经成为赋能传统产业和传统企业数字化转型的核心力量以及政府治理体系和治理能力数字化的重要抓手。

（2）对就业的贡献

就业才能创造收入，互联网平台企业促进自主创业、自营职业和灵活就业，为女性、残障人士、贫困人口和农村人口提供机会。在互联网平台经济的实践中，公众号、UP主等数字内容创业者、拼多多在广大乡村的店主、淘宝上的商家、美团的外卖骑手和商家等都得益于良性的平台经济而不断发展壮大，为中国两亿左右灵活就业者带来了改善生活的收入来源。

但也存在一些问题，如零工人员的社保问题。政府有关部门和互联网平台企业已经开始重视灵活就业带来的社会保障等问题。

尽管互联网平台企业的发展让一部分人失去了原有的就业岗位，又让一部分人获得了新的从业机会，但总体上它让整个社会的资源配置更合理、更高效。虽然不能直接创造实物产品，但它让社会更高效地创造实物产品，创造的社会总财富更多，这就是互联网平台的价值。

（3）对助农和乡村振兴的贡献

一是互联网平台企业利用自身优势和经济实力，直接参与到国家的精准扶贫行动中，对口帮扶贫困地区、贫困县、贫困村，为国家脱贫攻坚战贡献了力量。二是互联网平台企业的应用已经成为农民获得资讯、了解外部世界、表达观点情绪、沟通交流的主要工具和手段。一些互联网平台企业下沉市场尤其是农村市场，拥有规模巨大、比例较高、忠诚度高的农村用户群体。三是为农民提供立体式服务，成为名副其实的"新农具"。互联网平台企业为用户提供了"社交娱乐＋电商＋人才培养"等一系列的综合性服务。电商成为农民销售农产品的重要渠道；助农先助智，互联网平台企业纷纷根据自身的优势，推出各类人才培养计划，为农村培养了一定数量的带头人。

3. 互联网平台企业在初次分配中的贡献

价值转移充分体现了互联网平台企业助力共同富裕的多元化途径。一次分配靠市场，再分配靠政府，三次分配靠道德觉悟和激励机制。[①]

初次价值分配，主要体现为企业中劳动要素获得的报酬、管理和技术要素获得的报酬、资本获得的报酬以及平台企业与上游供应商、平台上的商户、消费者等参与各方之间的利益分配。

在拓展居民收入增长渠道方面，要坚持按劳分配为主体、多种分配方式并存，提高劳动报酬在初次分配中的比重。

---

① 厉以宁：《关于市场经济体制的几个问题》，《党校科研信息》1992年第23期。

4. 互联网平台企业在再分配中的贡献

互联网平台企业对于再分配的贡献体现为互联网平台企业上缴税收贡献、企业员工上缴税收、企业给员工支付的社保数额。

5. 互联网平台企业在三次分配中的贡献

三次分配理论为共同富裕提供了新的理论支持。互联网平台企业对三次价值分配的贡献主要包括企业自身捐赠金额、企业设立平台捐赠额、其他助力共同富裕措施等。平台型企业履行社会责任实现了企业社会责任范式的超越。一方面，越来越多的平台型企业成为社会责任履行与实践中的成员，越来越多的互联网平台企业拿出真金白银做慈善；另一方面，越来越多的平台企业充分利用自身的技术实力搭建技术先进的数字化公益平台，吸引更多的企业、个人、各类团体组织参与到平台中，投身于公益事业，打造政府、平台、企业、个体有效互动、积极参与公益的良性生态。为社会各方主体履行社会责任提供渠道和便利，有效解决中国公益事业的痛点和难点问题，助力全社会更好地做公益，从而推动企业社会责任实践载体与方式的高阶化演进。

三 互联网平台企业助力共同富裕的实践

经过20多年的高速发展，互联网已经渗透到中国经济社会各个领域，成为国家经济发展的关键基础设施和驱动社会发展的重要力量。互联网平台企业凭借其网络效应、规模效应、外溢效应，通过数字业务发展带来的直接价值创造（包括物质生活财富和精神生活财富价值创造）、平台经济带来的间接外溢价值创造，以及在三次分配中的价值转移，成为助力中国共同富裕的重要力量。

（一）数字产业化直接创造价值

"十三五"时期，中国深入实施数字经济发展战略，不断完善数字基础设施，加快培育新业态、新模式，推进数字产业化和产业数字化取得积极成效。中国数字经济持续保持高速增长，成为中国经济稳增长的关键动力。[①]

[①] 根据中国信息通信研究院2021年发布的《中国数字经济发展白皮书》提供的数据："十三五"时期中国数字经济产出从2016年的22.6万亿元增长到2020年的39.2万亿元，占GDP的比重从30.3%提升到38.6%；增速明显高于同期GDP名义增速约8.5个百分点。另据《"十四五"数字经济发展规划》，2020年中国数字经济核心产业增加值占GDP的比重达到7.8%。

互联网经济是数字经济特别是数字产业化的重要组成部分。互联网企业广泛参与了电子商务、社交网络、网络营销、数字文娱等多个规模较大的数字产业，为中国经济社会发展贡献了巨大的物质财富和精神财富。从市场价值看，2020年中国上市互联网企业总市值17.8万亿元，[①]占国内A股上市公司总市值的21.7%。

1. 电子商务提升交易效率

近年来中国电子商务市场保持稳步增长，成为稳增长、保就业、促消费的重要力量，为推动构建新发展格局做出了积极贡献。电子商务能够助力传统产业数字化转型，推动中国经济高质量发展。一是电子商务推动农业创新链、价值链加速重构，助力数字乡村建设；二是电子商务推动工业C2M模式快速发展，助力制造业数智化转型；三是电子商务科技助力服务业，助力传统零售业务数字化转型。

根据《中国互联网发展报告（2021）》，2020年中国电子商务交易额达37.21万亿元，覆盖面广泛。其中商品类电商交易额达27.95万亿元，服务类电商交易额达8.08万亿元，合约类电商交易额达1.18万亿元。

2020年全国网上零售额为11.76万亿元，网上购物渗透率逐年增长（见图5），占社会消费品零售总额比重已达30%。农村网络零售额达1.79万亿元，占比

---

① 中国信息通信研究院政策与经济研究所发布的《2020年四季度中国互联网上市企业运行情况》中提供的数据。

为15.2%。"数商兴农"深入推进,农村电商"新基建"不断完善。

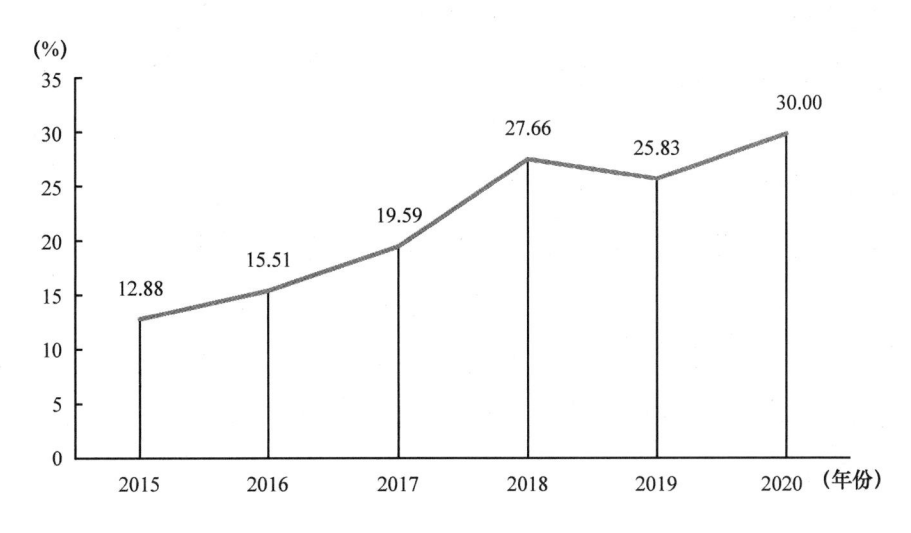

图5 2015—2020年中国网络零售渗透率变化

此外,移动支付在支撑电子商务服务的同时产生了巨大的正外部效应。从支付业务看,全国非银行支付机构处理网络支付业务8272.97亿笔,金额达294.56万亿元;银行处理电子支付业务2352.25亿笔,金额达2711.81万亿元。

2. 网络营销促进消费和创业

近年来,中国互联网营销从网络广告延伸至网络营销服务全流程,网络营销市场总规模达10457亿元(其中非广告的互联网营销服务收入达到5494亿元,互联网广告总收入为4966亿元)。[1] 随着互联网营销

---

[1] 中关村互动营销实验室发布的《2020中国互联网广告数据报告》中提供的数据。

模式的不断创新，在互联网广告增幅逐年放缓的背景下，互联网营销服务呈现出多元化增长，为拉动实体经济增长走出了一条中国路径。视频（包括短视频）营销快速增长，直播带货成为零售数字化、电商突围的重要渠道。此外，小微、新锐广告主进入市场不仅填补了大品牌投入放缓的市场份额，还支持互联网广告市场的二位数增长，为实体经济复苏开启了本土时代新路径。得益于各大互联网平台巨头的广告投放渠道下沉，基于移动互联网经济红利的小微企业日渐繁荣，在助力小微企业、拉动经济、促进就业方面做出了贡献。

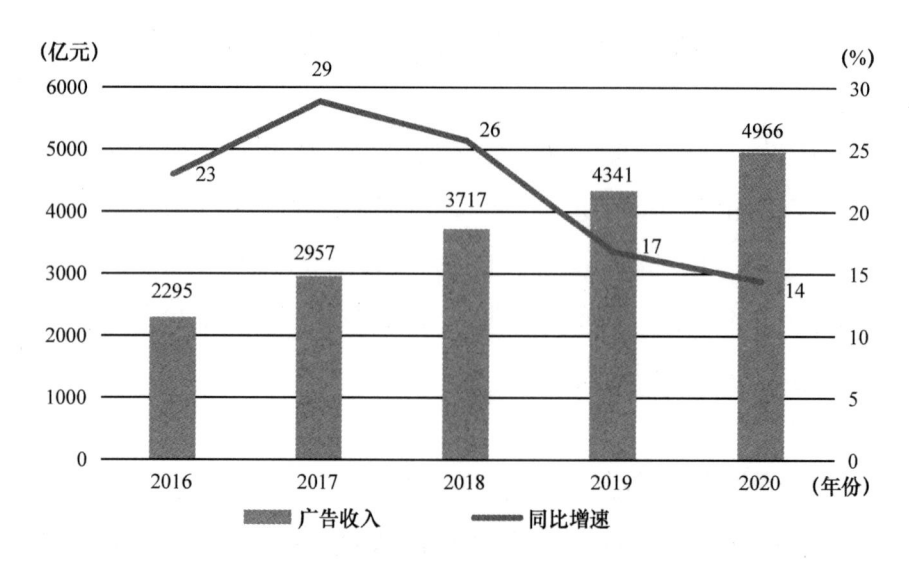

图6　2016—2020年中国网络广告收入与增速

资料来源：中关村互动营销实验室发布的《2020中国互联网广告数据报告》。

3. 社交网络满足情感精神需要

人类社会对社交的需求演变经历了从最基本的物

质生活需求到精神生活层面需求。随着自我意识的觉醒和互联网技术发展，人们在精神层面的需求进一步提升，同时Web2.0时代低成本的沟通环境使得互联网越发强调互动。社交越来越与现实社交出现交叉，对传统社交形成了极大补充。社交网络逐渐从熟人社交转向弱关系社交，社交网络进入快速发展阶段。

2010年以来，伴随着移动网络时代的不断深化，移动社交凭借更加便捷有效的互动沟通优势，吸引了大批的大型社交网站的目光，中国社交网络的重心慢慢从基于PC端的网络社交向移动社交转移。人们产生了更多对信息获取的需求，社交进入信息需求时代，微信等社交平台相继问世，社交网络落地速度加快。随后，4G的普及和流量资费的下降，降低了内容生产门槛，放大了人们对内容分享的需求，为兴趣社交打开窗口。2015年移动直播行业迎来大高潮，随后快手、抖音等短视频软件开始加速渗透。

艾瑞咨询数据显示，2020年，中国移动社交平台用户数达到8.9亿人，较2019年增长8.0%；移动社交平台市场规模达到1162亿元，较2019年增长29.7%。未来随着网络技术的提升和用户需求的增长，中国移动社交平台市场有望得到进一步发展。从移动社交用户产品使用需求来看，熟人通信为用户主要使用需求，占比高达62.2%；其次为认识同好，用户占比达到33.9%；31.9%的用户因为社区内容质量良好而使用移动社交平台。

4. 数字文娱满足精神文化需求

2019年中国文化相关产业增加值占GDP比重达4.5%，在推动经济社会发展、满足人民日益增长的精神文化需求方面做出了重要贡献。近年来，中国文化产业数字化进程加快，网游、视频、数字音乐、网络动漫、网络文学、娱乐直播等数字文化娱乐产业快速发展。根据易观数据，2021年中国数字文娱产业规模为7824亿元，自2014年以来复合增长率达17.6%，远高于GDP和文化产业增速。

中国音像与数字出版协会游戏出版工作委员会发布的《2020年中国游戏产业报告》显示，2020年中国游戏市场实际销售收入为2786.87亿元，比2019年增加478.1亿元，同比增长20.71%，远高于2019年的同比增速（7.7%）。其中，中国移动游戏市场实际销售收入达到2096.76亿元，比2019年增加了515.65亿元，同比增长32.61%；中国游戏用户数量保持稳定增长，用户规模达6.65亿人，同比增长3.7%。

（二）互联网平台企业推动产业数字化

互联网平台企业在推动数字产业化发展的同时，也积极拓展、布局云计算、大数据、人工智能等新型基础设施建设领域，助力产业数字化发展。

1. 云计算助力实体经济数字化转型

Gartner数据显示，2020年，全球云计算市场增速放缓至13.1%，市场规模为2083亿美元。得益于中国互联网企业的贡献，中国云计算市场呈爆发式增长态势。根据中国信息通信研究院云计算与大数据研究所发布的《云计算白皮书（2021年）》，2020年，中国云计算整体市场规模达2091亿元，增速为56.6%。其中，公有云市场规模达1277亿元，相比2019年增长85.2%；私有云市场规模达814亿元，较2019年增长26.1%。在市场份额方面，阿里云、腾讯云、百度云位列中国公有云前五名。

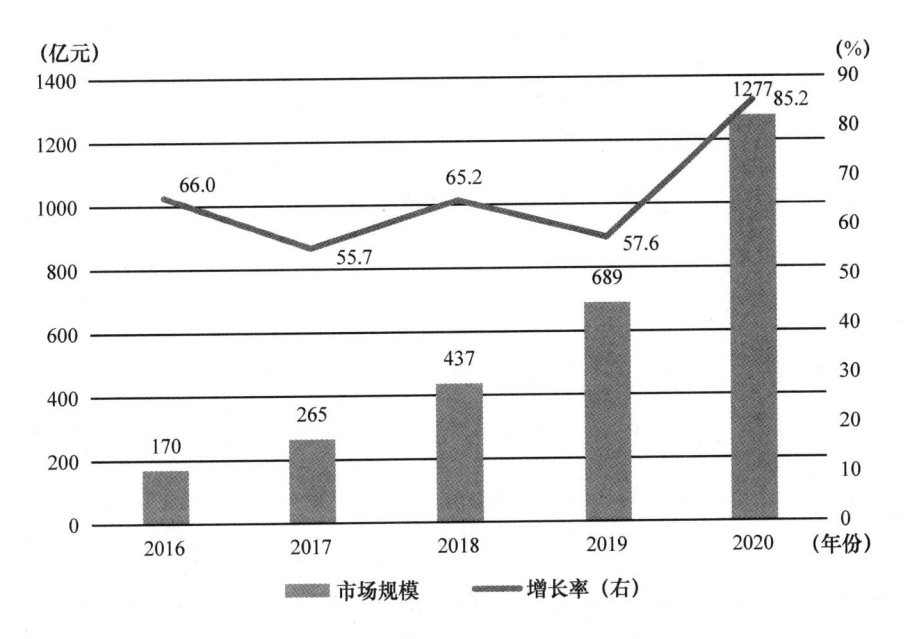

图7 中国云计算市场规模及增长率

资料来源：中国信息通信研究院云计算与大数据研究所发布的《云计算白皮书（2021年）》。

2. 大数据应用推动数智融合实体经济

根据中商产业研究院提供的《2021年中国大数据市场回顾及2022年发展趋势预测分析》，2020年中国大数据产业规模达 1.1 万亿元。大数据产业链包括数据源、大数据产品和大数据服务应用三个领域。根据前瞻产业研究院提供的《2022 年中国大数据应用市场发展现状及市场规模分析》，在大数据产业应用领域，2020 年互联网大数据应用市场规模约为 2887.4 亿元，占比约为 45.2%。

3. 人工智能成为数字经济新驱动力

中国互联网协会发布的《中国互联网发展报告（2021）》显示，2020 年，中国人工智能产业规模为 3031 亿元，同比增长 15%，增速略高于全球增速。中国在人工智能芯片领域快速发展，深度学习软件框架创新步伐加快，智能语音领域取得佳绩，中文自然语言处理取得突破，人工智能平台成为工程化落地重要推手。

根据《麻省理工科技评论》（*MIT Technology Review*）中国发布的《2021 中国数字经济时代人工智能生态白皮书》，AI 与实体经济融合在多行业已初见成效。未来十年，AI 生态系统将推动 AI 技术加速下沉到千行百业，保持在第三产业的持续发展和渗透趋势，加大对第一、第二产业的全面赋能。

阿里巴巴、腾讯、百度等互联网平台企业积极布局 AI 开放平台，以开放平台聚合技术、人才、产业资源，支撑 AI 产业生态发展。阿里云与达摩院强联动，提供的 AI 开放服务涉及百余种场景的视觉 AI 开放能力，以及语音、机器翻译、决策、业务增长引擎等能力。腾讯 AI 开放平台连接腾讯 AI 能力与产业，依托腾讯云 AI 新基建布局，推动 AI 技术和应用进步。

（三）互联网平台外溢效应的间接价值创造

1. 平台企业促进中小企业数字化转型

数字经济要求对供给侧进行柔性化改造，以满足大规模定制化生产的目的，可能会涉及对全产业链的改造。中小企业量大面广，在经济构成中占有重要的地位。中国现有 4000 多万企业，其中 95% 以上是中小企业。中小企业的数字化转型，对全产业链数字化、全社会高度协同有着至关重要的作用。

由于盈利见效周期长、自身实力薄弱等因素的限制，大部分中小企业天然不具备独立完成数字化转型的能力。借助消费互联网、工业互联网、产业互联网等专业互联网平台成熟的数字化能力实现自我升级是一个重要的突破口。平台企业依靠多年的技术沉淀，拥有能够快速对外输出数字化服务的能力，可以帮助中小企业进行数字化转型。

例如，电商平台从消费端直连生产端，将消费者的需求直接反馈给制造商，按照客户的需求去设计、生产产品。这种模式对中小企业提供了四个方面的支持：一是这些平台可能会帮助中小企业研发以及培育新的品牌，二是可以帮助中小企业提高它们的库存效率，三是平台能为中小企业提供金融支持，四是平台能够为中小企业提供一体化数字化解决方案。实现这种模式需要制造端的企业具有柔性制造能力，这需要对工厂本身进行一个数字化的升级，接入工业互联网。

产业互联网平台在几个层面能够给企业数字化转型带来价值：一是可以提升企业之间的交易效率，二是产业互联网能够提升企业内部的生产效率，三是可以创新企业商业模式。

2. 平台效应助力共享经济发展

共享经济是伴随互联网技术变革而发展出的一种创新商业形态，共享经济秉持着共享共赢理念，其发展壮大有助于扩大中等收入群体规模，提高低收入群体收入，同时有助于扩大三次分配的调节作用，最终助力发展成果普惠共享和共同富裕。

近年来，互联网企业不断探索共享经济新模式、新业态，在生活服务、生产能力、知识技能、交通出行、共享住宿等方面进行了一些探索。根据国家信息中心发布的《中国共享经济发展报告（2021）》，2020年中国共享经济市场交易规模约为33773亿元，其中生活服务、生产能力、知识技能的市场规模位居前三名，分别为16175亿元、10848亿元和4010亿元。

3. 互联网共享经济促就业保民生

就业是最大的民生工程、民心工程，是社会稳定的重要保障。受全球经济下行压力和国内外新冠肺炎疫情的叠加影响，求职困难加剧，就业形势更加复杂。互联网共享经济提供了大量"平台工作""零工工作""众包工作"等灵活的就业岗位,在拓宽就业渠道、增强就业弹性、增加劳动者收入等方面发挥了重要作用。根据国家信息中心发布的《中国共享经济发展报告(2021)》,2020年,在互联网平台上提供服务的人数约为8400万人,同比增长1.3%;平台企业员工人数约为631万人。平台型就业已经成为城镇新增就业的重要来源。

基于共享平台的新就业形态具有较高的包容性和灵活性,不仅有助于解决重点群体的就业压力,而且有利于应对就业市场的不确定性,增加劳动者收入和帮助改善民生。一方面,依托共享平台的新就业涉及的领域宽、包容性强,既有创意策划、软件设计、在线教育等适合大学生群体的知识密集型复杂劳动岗位,也有外卖骑手、网约车司机、云客服等适合较低学历群体的熟练性劳动岗位,为社会重点群体的就业创造了更广阔的空间和更多机会;另一方面,平台企业可以根据市场供需变化,及时调节劳动力的供给量,促进劳动力跨业流动和减少摩擦性失业。

(四)互联网平台企业科技创新驱动经济发展新动力

创新是可持续发展的基石。中国互联网企业作为数字经济的支撑力量,是数字科技创新的主力推动者。经过约20年的历练,中国互联网企业体量已发展到仅次于美国的水平。中国互联网产业的科研产出与技术创新会辐射到全国其他众多生产制造业中，并且对于全民生活方式及数字化质量都起着重要作用。

近年来，中国互联网企业特别是部分头部大型互联网平台企业非常重视科技创新，逐步成为中国科技创新的排头兵，在云计算、人工智能、量子计算、智能芯片等新基建领域崭露头角。

中国互联网头部企业在论文产出上成效显著，发表数量已位列全球第二，整体上处在靠近全球互联网头部企业平均水平的位置。2021年已有3家中国互联网企业（腾讯、阿里巴巴、百度）年度发表论文在领域前10%期刊的比例超过50%，其中腾讯已达到59.6%。[①] 虽然与处于国际领先地位的美国同类企业相比尚有不小差距，但过去6年的数据显示中国互联网企业展示出了强劲的创新活力和日益显著的学术影响力。从企业专利获得数量和专利质量/价值来看，中国互联网企业的表现也比较突出，腾讯、百度、阿里巴巴、小米四家头部互联网企业专利数量排名位列全球互联网企业前四名，专利资产指数（PAI）也位列前十名。

（五）互联网平台企业助力精准扶贫与乡村振兴

2020年是中国全面建成小康社会收官之年，也是

---

① 隆云滔、王韵、王晓明：《数据资讯：全球互联网头部企业科研产出》，《中国科学院院刊》2022年第1期。

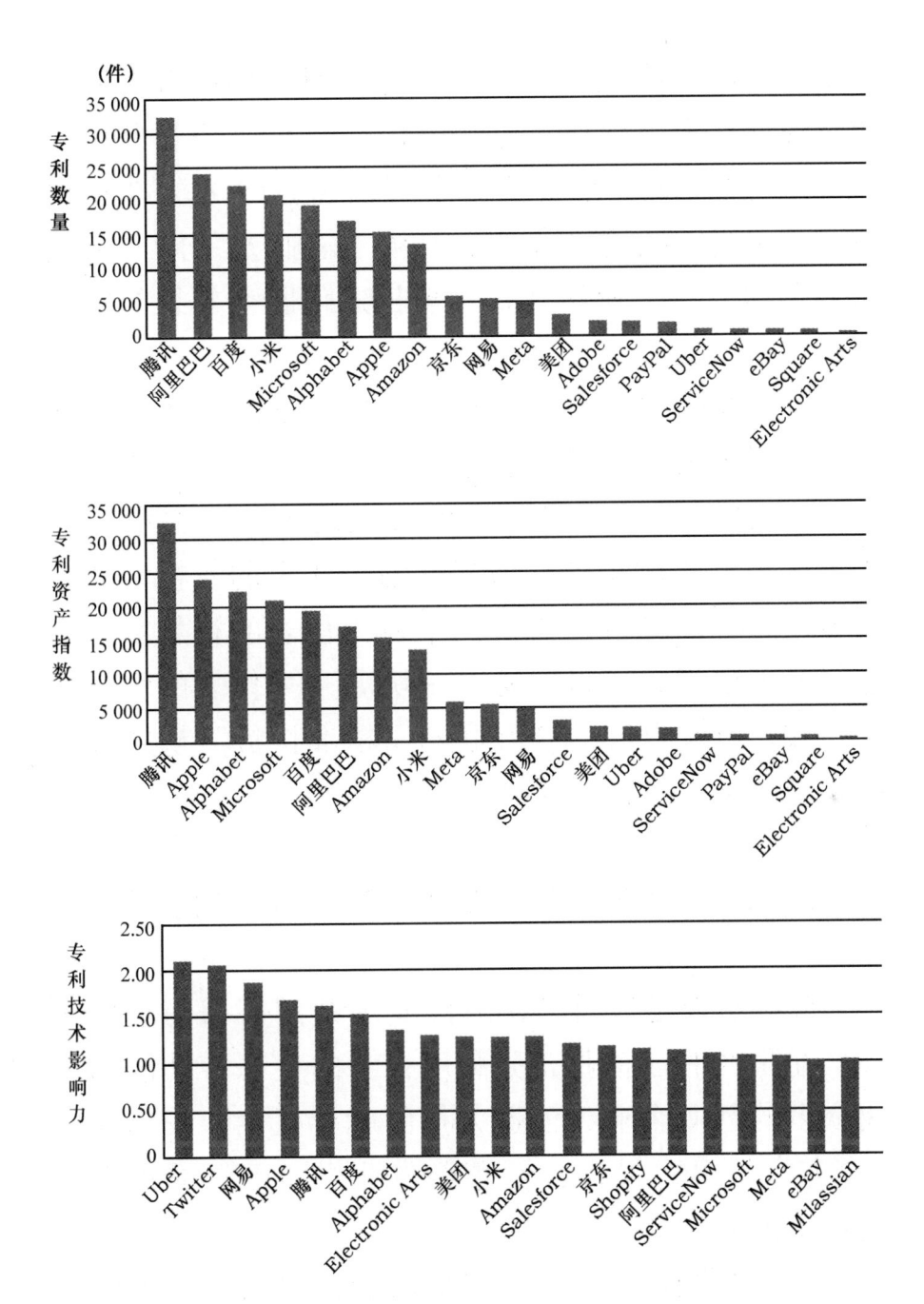

图8　全球互联网企业专利数量、专利资产指数和专利技术影响力

资料来源：隆云滔、王韵、王晓明：《数据资讯：全球互联网头部企业科研产出》，《中国科学院院刊》2022年第1期。

脱贫攻坚决战决胜之年。2021年3月，中国宣布脱贫攻坚战取得全面胜利，现行标准下9899万农村贫困人口全部脱贫，832个贫困县全部摘帽，12.8万个贫困村全部出列。扶贫要真正实现从"输血型"向"造血型"的转变，产业扶贫是实现长效化脱贫效果的重要途径和最有效路径之一。

大型互联网平台企业在精准扶贫方面做出了突出贡献，涌现出了以阿里巴巴"淘宝村"计划、拼多多"农地云拼+产地直发"等为代表的各类农村电商模式，以腾讯"耕耘者"振兴计划为代表的乡村治理人培养模式，以腾讯"为村"平台为代表的智慧乡村信息服务平台模式，以网易"一块屏"为代表的教育扶贫模式，以及百度的"互联网+精准扶贫"模式等一批精准扶贫和乡村振兴项目。

（六）互联网平台企业全方位助力三次分配

公益慈善是通过三次分配实现共同富裕的重要途径。互联网平台企业充分利用自身的生态带动能力孵化众多的创业企业、创造大量的就业机会，较早地以"全方位"模式投入公益慈善事业中，已经成为中国公益慈善事业的中坚力量。

一是"资金+技术"多重赋能。中国公益事业不仅需要资金，更需要技术来链接更多的捐赠人和项目。互联网平台企业以技术起家，领先的互联网平台企业除了拿出大量的真金白银之外，还纷纷把其强大的数字化能力迁移到公益慈善事业。作为中国第一家由互联网企业发起的公益基金会，腾讯基金会于2007年在民政部注册，腾讯公益平台于2008年汶川地震后开设，引领行业之先。目前民政部认可的慈善组织互联网募捐信息平台共有30家，腾讯、阿里巴巴、新浪微博、京东、百度、美团、字节跳动、小米、哔哩哔哩、携程等都在其列。

二是"扶贫+扶智"双管齐下。扶贫更要扶智，授人以鱼还要授人以渔。互联网平台企业作为高科技企业，深刻认识到知识和人才的重要性，在扶贫时既有扶贫资金、扶贫项目等方面的大量支持，也有淘宝、抖音、快手等通过直播带货的方式来帮助农产品打开销路，更有为农村培养"直播"等各类人才的"扶智"措施，如美团、快手、淘宝等办的各类农村人才培训计划。微信支付"知识星光"项目则从帮助乡村学校构建图书角抓起，为农村孩子种下阅读的种子。

三是"常态公益+重大突发事件"全方位覆盖。互联网平台企业参与的公益事业已经实现了全方位覆盖，既有面向农村的，又有面向城市的；既有面向一般人的，也有面向老年人、残疾人等特殊群体的；既有教育助学、医疗救助的，又有乡村振兴、救灾救援、环境保护等领域的。尤其是新冠肺炎疫情以来，互联网平台企业不仅捐赠了大量的资金、物资用于抗疫，而且把其数字化能力充分应用到各地抗疫事业中去。以微信小程序为载体的行程码和健康码、支付宝的健康码已经成为各地抗疫的主要助手。

（七）互联网与数字化助力疫情防控与小微商家

互联网成为战"疫"强大支撑。面对来势汹汹的新冠肺炎疫情，以大数据、云计算、物联网为代表的数字科技，凭借其便捷、高效等独特优势，发力"在线抗疫"，助力缓解一线压力，为抗疫前线提供远程阅片服务，提供疫情实时动态播报、查询等，为"外防输入、内防反弹"注入智慧和力量，为疫情防控提供了强大支撑。扎根于移动互联技术的健康码，正在替代传统证明方式，助力亿万人员安全流动。

互联网平台企业不仅把自身的数字化能力应用到助力疫情防控方面，而且还助力疫情下的小微商家获客留客、渡过难关。例如，针对实体经济中的"毛细血管"——小吃店、杂货店等类型的中小商户出现的实际困难，2020年6月，微信支付发布"全国小店烟火计划"，在线下线上一体化、福利补贴、商家教育指南、经营保障支持方面，帮助中小商户纾困。2021年，"全国小店烟火计划2.0"上线，未来三年追加100亿元资金及资源投入，持续扶持中小商家。

四　互联网平台企业助力共同富裕指数

（一）评价模型

1. 共同富裕综合评价指数体系

根据互联网平台企业助力共同富裕理论分析和实证研究，提炼互联网平台企业助力共同富裕的要素，构建由综合指数—分指数—子指数—具体评价指标构成的共同富裕综合评价指数体系（见表3）和评价模型。

互联网平台企业助力共同富裕综合指数由价值创造（做大"蛋糕"）与价值分配（科学分配"蛋糕"）两部分构成。

价值创造可以进一步拆解为直接价值创造和间接价值创造。价值分配可以进一步拆解为初次分配、再分配和三次分配。

互联网平台企业助力共同富裕分指数由直接价值创造、间接价值创造、初次分配、再分配和三次分配共五个环节构成。

直接价值创造体现为互联网平台企业的绩效；间

接价值创造体现为互联网平台企业的创新贡献以及生态系统构建与赋能产生的外溢效应。初次分配环节体现为互联网平台企业的生产要素（劳动力和资本）之间的分配，包括劳动报酬、资本收益；再分配环节主要体现为互联网平台企业的税收贡献；三次分配环节主要体现为互联网平台企业的社会捐赠情况。

互联网平台企业助力共同富裕子指数由企业绩效、创新贡献、外溢效应、劳动报酬、资本报酬、税收贡献、企业捐赠七个维度构成。各子指数又分别由一些代表性的具体评价指标构成。

此外，考虑不同类别互联网平台企业在助力共同富裕方面的特性不同，根据国家市场监管总局组织起草的《互联网平台分类分级指南（征求意见稿）》中的互联网平台企业分类，得到样本互联网平台企业的共同富裕分类指数。

表3 共同富裕综合评价指数体系

综合指数	分指数	子指数	具体评价指标
价值创造	直接价值创造	企业绩效	销售利润率、资产收益率、营业收入、人均营业收入、利润总额、人均利润
	间接价值创造	创新贡献	研发支出、研发投入强度
		外溢效应	活跃用户数、平台交易额、带动就业数量
价值分配	初次分配	劳动报酬	员工薪酬占总收入比例、企业总薪酬、员工平均薪酬
		资本报酬	每股利润分配、市净率、总市值
	再分配	税收贡献	税收总额、税收占营收比例
	三次分配	企业捐赠	企业捐赠总额、企业捐赠占比

2. 具体指标说明

为了更客观地评价互联网平台企业助力共同富裕的贡献，采用总量指标和相对指标相结合的方式。其中，总量指标反映企业在助力共同富裕中做出的绝对贡献大小，相对指标反映企业根据自身能力大小而做出的相对贡献。

在直接价值创造中，反映企业绩效的具体指标包括互联网平台企业的营业收入、利润总额等绝对指标和销售利润率、资产收益率、人均营业收入、人均利润等相对指标。营业收入指标衡量的是平台企业创造的总产值，利润指标反映了平台企业创造的增加值。选择的几个相对指标在一定程度上反映了企业生产要素投入产出效率。这些指标越大表明平台企业创造的价值越大、效率越高。

在间接价值创造中，反映创新贡献的具体指标包括研发支出、研发投入强度；反映外溢效应的具体指标包括活跃用户数、平台交易额、带动就业数量。平台企业的在技术创新方面的投入不仅能够提升自身的价值创造能力，而且其创新产出，创造的新技术、新专利等知识产品的普及应用将对产业发展、全社会的技术进步做出贡献。平台的活跃用户数、平台交易额反映了平台服务的人群及规模，带动的就业数量反映了利用平台获取收入的人群规模，这些都体现平台间接创造的社会价值。

在初次分配中，反映劳动报酬的具体指标包括企业总薪酬、员工平均薪酬、员工薪酬占总收入比例。其中总薪酬指标反映平台企业劳动要素参与分配的总额，薪酬占比指标衡量的是劳动要素参与价值分配的比例，一定程度上反映了价值分配的公平性。反映资本报酬的指标包括每股利润分配、市净率、总市值。由于资本要素的收益，一是来自股利，即企业分配利润，二是来自在资本市场所体现的价值，即股权的市场价值，因此选择利润分配指标和衡量企业市值的指标。

在再分配中，反映税收贡献的具体指标包括税收总额、税收占营业收入的比例。

在三次分配中，反映企业捐赠的具体指标包括企业捐赠总额、企业捐赠占营业收入的比例。

3. 样本企业

目前互联网平台企业已经发展成为互联网企业的主体和主导，能够很好地反映中国互联网企业的整体情况，故本书聚焦在互联网平台企业上。纳入本指数的样本企业选自 2020 年之前在中国内地、中国香港和美国三地市场上市的 41 家互联网平台企业，其中中国内地上市的有 13 家、美国有 19 家、中国香港有 9 家（其中 4 家也同时在美国上市）。

样本互联网平台企业具有广泛的代表性。2020 年，样本企业营业收入合计 3.02 万亿元，占互联网百强企业总收入[①]的 73.6%；样本企业利润总额达 4786 亿元，

---

① 根据中国互联网协会发布的《中国互联网企业综合实力指数（2021）》，前百家互联网企业总收入达 4.1 万亿元。

超过互联网百强企业营业利润①总和;样本企业市值15.96万亿元,占全部境内外上市互联网公司的95%。②

(二)互联网平台企业助力共同富裕综合指数

根据互联网平台企业助力共同富裕指数体系和综合评价模型,计算得到样本互联网平台企业助力共同富裕的综合指数,包括价值创造指数和价值分配指数领先

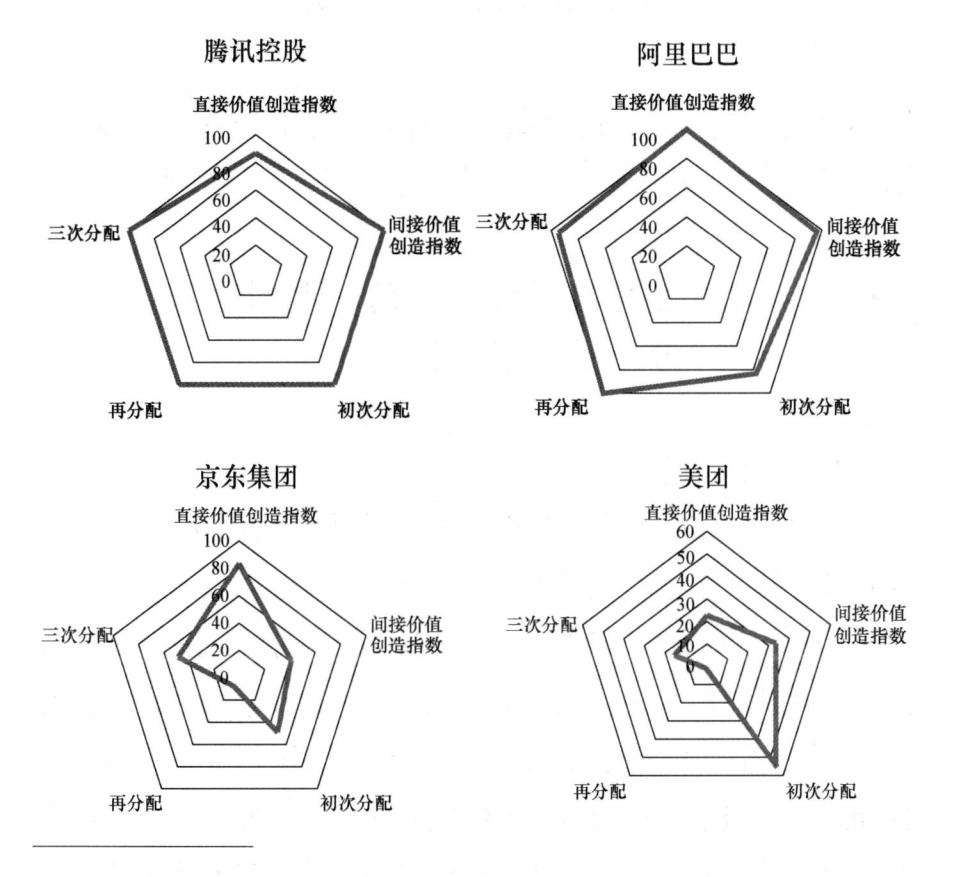

腾讯控股

阿里巴巴

京东集团

美团

---

① 根据中国互联网协会发布的《中国互联网企业综合实力指数(2021)》,前百家互联网企业营业利润总额达4426.9亿元。

② 截至2020年12月底,境内外互联网上市企业总数为147家,总市值为16.80万亿元(上市公司市值根据2020年12月31日收盘价计算)。

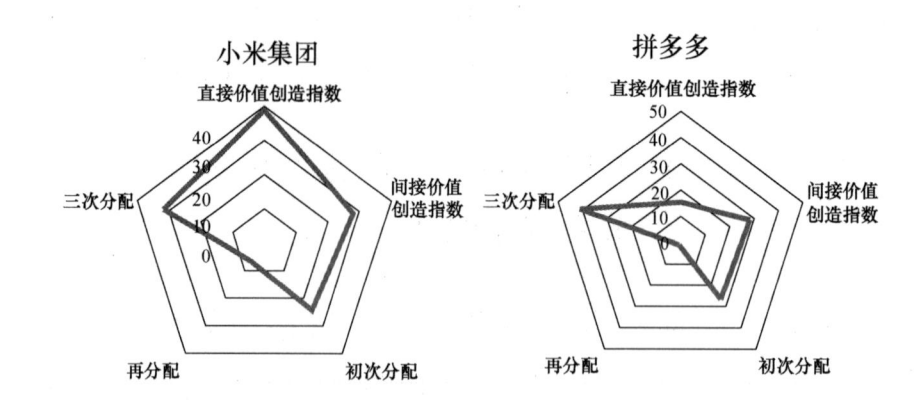

图 9　头部互联网平台企业助力共同富裕雷达图

样本互联网平台企业有腾讯控股、阿里巴巴、京东集团、美团、小米集团、拼多多、百度集团和网易等。

（三）互联网平台企业助力共同富裕分指数、子指数

1. 分指数

根据共同富裕指数体系和综合评价模型，计算得到样本互联网平台企业的分指数。

在共同富裕分指数中，直接价值创造指数领先的样本互联网平台企业是阿里巴巴、腾讯控股和京东集团；间接价值创造指数领先的样本互联网平台企业是腾讯控股、阿里巴巴和京东集团；初次分配指数领先的样本互联网平台企业是腾讯控股、阿里巴巴和美团；再分配指数领先的样本互联网平台企业是阿里巴巴、腾讯控股和网易；三次分配指数领先的样本互联网平

台企业是腾讯控股、阿里巴巴和京东集团。需要指出的是，由于电商平台企业的营业收入规模大，在直接价值创造指数和间接价值创造指数分析中，都更占优势，尤其是京东这样带有超市属性的电商平台企业。

2. 子指数

根据共同富裕指数体系和综合评价模型，在共同富裕子指数中，企业绩效指数领先的样本互联网平台企业是阿里巴巴、腾讯控股和京东集团；创新贡献指数领先的样本互联网平台企业是阿里巴巴、腾讯控股和百度；外溢效应指数领先的样本互联网平台企业是腾讯控股、阿里巴巴和京东集团；劳动报酬指数领先的样本互联网平台企业是腾讯控股、阿里巴巴和京东；资本报酬指数领先的样本互联网平台企业是腾讯控股、阿里巴巴和美团；税收贡献指数领先的样本互联网平台企业是阿里巴巴、腾讯控股和网易；企业捐赠指数领先的样本互联网平台企业是腾讯控股、阿里巴巴和京东集团。

（四）互联网平台企业助力共同富裕分类指数

1. 样本互联网平台企业分类

2021年10月，市场监管总局组织起草的《互联网平台分类分级指南（征求意见稿）》从连接属性和功能方面将互联网平台分为网络销售类平台、生活服务类平台、社交娱乐类平台、信息资讯类平台、金融服务类平台、计算应用类平台六大类。

本书在上述分类的基础上,剔除金融服务类平台后,将样本企业划分为五类:网络销售类平台、生活服务类平台、社交娱乐类平台、信息资讯类平台、计算应用类平台。

按照上述分类,样本互联网平台企业中,网络销售类9家,生活服务类10家,社交娱乐类15家,信息资讯类平台4家,计算应用类3家。

2. 分类指数

(1) 网络销售类

综合评价:在网络销售类互联网平台企业中,阿里巴巴、京东集团、拼多多的共同富裕综合指数领先。阿里巴巴领先优势明显。

价值创造维度:网络销售类平台企业的直接价值创造维度差距明显,因阿里巴巴、京东集团在营业收入规模和盈利能力方面均处于领先地位,其直接价值创造和企业绩效维度遥遥领先。在间接价值创造维度,阿里巴巴、京东集团与拼多多领先,其中阿里巴巴在创新贡献和外溢效应维度领先优势更为明显。

价值分配维度:大型网络销售类互联网平台企业的初次分配和再分配阿里巴巴领先优势明显。除阿里巴巴之外,大型网络销售类互联网平台企业的初次分配和三次分配维度差距明显,再分配维度差别相对较小。除阿里巴巴之外,京东集团、拼多多和贝壳在初次分配维度表现较好，其中京东集团在劳动报酬维度表现较好，拼多多与京东集团在资本报酬维度表现较好；贝壳、京东集团、唯品会在再分配（税收贡献）维度表现较好；京东集团、拼多多和唯品会在三次分配（企业捐赠）维度表现较好。

（2）社交娱乐类

综合评价：在社交娱乐类互联网平台企业中，腾讯控股、网易、微博、哔哩哔哩的共同富裕综合指数领先，腾讯控股领先优势明显。

价值创造维度：社交娱乐类平台企业的直接价值创造维度得分差距明显，因腾讯控股在营业收入规模和盈利能力方面均处于领先地位，其直接价值创造和企业绩效维度遥遥领先。在间接价值创造维度，腾讯控股领先优势明显。

价值分配维度：腾讯控股领先优势明显。除腾讯控股之外，大型社交娱乐类互联网平台企业的初次分配和三次分配维度差距相对较小，但再分配维度则差距明显。网易、微博和芒果超媒在初次分配维度表现较好，网易在再分配维度遥遥领先，哔哩哔哩、芒果超媒、微博在三次分配维度表现较好。

（3）生活服务类

综合评价：在生活服务类互联网平台企业中，美团、携程、同程艺龙共同富裕综合指数领先。从平台分级看，作为超大型互联网平台企业，美团的共同富裕综合指数领先优势非常明显，较大互联网平台企业（携程、同程艺龙、平安好医生）的共同富裕指数差距不大。

价值创造维度：美团在直接价值创造和间接价值创造维度均大幅领先。其他生活服务类平台企业的直接价值创造维度得分差距不大，但间接价值创造维度得分差距较大。美团和携程在创新贡献维度大幅领先，美团在外溢效应维度遥遥领先。

价值分配维度：美团在初次分配维度遥遥领先，生活服务类平台企业再分配（税收贡献）维度差别不大，美团和携程在三次分配（企业捐赠）维度领先。其他生活服务类互联网平台企业在三次分配和企业捐赠维度得分较低。

（4）计算应用类

综合评价：计算应用类互联网平台企业样本仅有三家，其中作为大型互联网平台企业，小米集团的共同富裕综合指数领先优势非常明显。

价值创造维度：小米集团在直接价值创造和间接价值创造维度均大幅领先。

价值分配维度：小米集团在初次分配和三次分配维度均大幅领先，在再分配维度也领先。

（5）信息资讯类

综合评价：信息资讯类互联网平台企业样本仅有四家，其中作为大型的信息资讯类互联网平台企业，百度的共同富裕综合指数得分领先。

价值创造维度：百度集团领先优势明显。除百度集团之外，信息资讯类互联网平台企业中搜狐、二六三和趣头条三家企业在直接价值创造和间接价值创造维度差别不大。

价值分配维度：百度集团在初次分配维度领先优势明显，其他三家企业差距不大；在再分配维度，四家信息资讯类互联网平台企业差别不大，表现均不佳；百度和搜狐在三次分配维度大幅领先。

（五）分析与发现

1. 互联网平台企业具有巨大的价值创造能力

样本互联网平台企业是互联网行业的优秀代表，具有较强的平台经济性、网络效应和规模效应，通过多年的探索，开发了电商、社交、娱乐、生活服务、广告、智能终端等多种商业模式，并为中国经济社会发展创造了巨大的价值。

从市场价值看，2020年样本互联网平台企业总市值[①] 16.58万亿元，占国内A股上市公司总市值的20.7%。

从收入规模看，2019年45家样本互联网平台企业营业收入合计达2.55万亿元，占2019年中国企业部门收入[②]的9.7%。

从效率指标看，样本互联网平台企业人均毛利中位数为83.18万元，远高于中国全员劳动生产率。[③]

---

① 样本公司市值和A股总市值以2020年12月31日收盘价计算。需要说明的是，由于大部分样本互联网公司在美国和中国香港上市，样本公司市值与A股市值比较仅说明其市场价值的相对意义。

② 根据中国统计出版社出版的《中国统计年鉴（2021）》，2020年中国企业部门总收入为254877亿元。

③ 根据国家统计局发布的《2020年国民经济和社会发展统计公报》，中国全员劳动生产率为117746元/人。

从盈利能力看，样本互联网平台企业的资产收益率均值达5%，大幅高于全部制造业上市公司3%的资产收益率均值。

从创新贡献看，2020年45家样本互联网平台企业研发强度中位数为9.25%，平均数为12.4%，远高于中国企业研发强度。①

在外溢效应方面，样本互联网平台企业，特别是大型互联网平台型企业（见表4）具有明显的外溢效应。样本互联网平台企业2020年平台交易额26.73万亿元，占中国社会消费品零售总额②的68%，充分表明样本互联网平台企业在促进社会消费方面的突出贡献。

表4　2020年大型互联网平台企业的月活跃用户数据　（单位：亿人）

	平台分级	月活跃用户数
腾讯控股	超大型	微信（WeChat）：12.25，QQ智能终端：5.95
阿里巴巴	超大型	移动App：9.02
拼多多	大型	拼多多App：7.199
腾讯音乐	大型	在线音乐：6.22，社交娱乐：2.23
百度	大型	5.44
微博	大型	5.21
美团	超大型	未披露月活数据，年度交易用户数为5.1

资料来源：上市公司年报。

---

① 国家统计局、科学技术部和财政部联合发布的《2020年全国科技经费投入统计公报》显示，2020年中国研发经费投入总量达24393.1亿元，研发经费投入强度为2.40%。

② 根据国家统计局发布的《2020年国民经济和社会发展统计公报》，2020年中国社会消费品零售总额为39.2万亿元。

这些数据指标表明,以样本互联网平台企业为代表的中国互联网行业在中国经济中占有非常重要的位置,互联网行业自身发展为促进中国经济发展做出了巨大贡献。

2. 互联网平台企业通过价值分配助力实现共同富裕

(1) 初次分配

样本互联网平台企业因自身平台性质,创造了大量就业岗位。2020年样本企业员工总人数达96万人,薪酬总额达1670亿元,人均薪酬17.3万元,远高于中国全国规模以上企业就业人员年平均工资,[①] 与信息传输、软件和信息技术服务行业平均工资持平。

样本互联网平台企业,特别是大型互联网平台企业通过平台生态的外溢效应为社会创造了大量的平台就业机会。

(2) 再分配

样本互联网平台企业为再分配做出了一定贡献。2020年样本互联网平台企业所得税合计643亿元,占全国企业所得税的1.8%[②],其中头部互联网平台企业阿里巴巴和腾讯的所得税分别达292.78亿元和198.97亿元,分别占46%和31%,在样本互联网平台企业中对再分配的贡献更大。截至2020年年底,样本公司中

---

① 根据中国统计出版社出版的《中国统计年鉴(2021)》,2020年全国规模以上企业就业人员年平均工资为79854元。

② 根据中国统计出版社出版的《中国统计年鉴(2021)》,2020年全国企业所得税为36425.81亿元。

仍有 7 家公司是亏损，占样本公司的 17%，但 2018—2020 年纳税规模持续快速增长，2019 年和 2020 年分别增长了 17% 和 28%，由此表明互联网平台企业对国家税收的贡献在增大。

（3）三次分配

在三次分配方面，样本互联网平台企业特别是以腾讯为代表的大型互联网平台企业依托平台影响力，积极参与社会公益事业，为社会民生做出力所能及的贡献。

2020 年，样本互联网平台企业捐赠总额 72.9 亿元，占当年中国企业捐赠总额[①]的 6%。其中，2020 年腾讯控股捐赠 26 亿元，在样本互联网平台企业中得分第一，2018—2020 年腾讯控股捐赠总额 41.8 亿元，在样本互联网平台企业中得分第一。根据中国社会科学院上市公司研究中心发布的《互联网上市公司公益慈善报告（2021）》，自 2012 年至今腾讯控股以 41.8 亿元位列国内互联网上市公司公益捐赠榜首。以腾讯控股为代表的互联网上市公司在互联网公益慈善领域积极探索和创新，充分发挥互联网平台企业的平台、链接、传播、社群等诸多优势，形成了独具特色的"科技向善"实践之路。

3. 互联网平台企业助力共同富裕的差距较大

从共同富裕综合指数看，样本互联网平台企业助

---

① 根据中国慈善联合会于 2021 年 11 月 26 日在第九届中国公益慈善项目交流展示会上发布的《2020 年度中国慈善捐赠报告》，2020 年中国企业捐赠总额为 1218.11 亿元。

力共同富裕的贡献度差距较大。腾讯控股、阿里巴巴和京东集团等大型互联网平台企业指数得分最高，表明大型互联网平台企业凭借其庞大的平台用户规模、超强的用户黏性、科技创新投入泛生态影响力、强大的正外部性等特质，成就了共同富裕综合指数的绝对领先地位，成为互联网平台企业助力共同富裕中最突出的代表。

在直接价值创造（企业绩效）维度方面，互联网平台企业因收入规模和盈利能力等方面差距很大，在助力直接价值创造和企业绩效方面的贡献度差距较大。

在间接价值创造的创新贡献维度方面，互联网平台企业的差距也非常显著。阿里巴巴、腾讯、百度等大型互联网平台企业凭借其雄厚资本支撑起较高的研发投入，在大数据、云计算、人工智能等领域成为中国科技创新的重要力量。

在间接价值创造的外溢效应维度方面，互联网平台企业具有显著差距。凭借其平台生态系统，腾讯和阿里巴巴的外溢效应最为明显，在促进中小企业发展、带动就业等助力共同富裕领域表现最为突出。

在价值分配的初次分配维度方面，腾讯和阿里巴巴表现最为突出，两家企业税收贡献相差较小，腾讯在劳动分配方面表现更为突出。

在企业捐赠方面，互联网平台企业之间差距较大，其中腾讯和阿里巴巴表现最为突出，腾讯则更胜一筹。

4. 互联网平台企业助力共同富裕各有特色

在直接价值创造方面，电商类互联网平台企业占据优势。其中，阿里巴巴、腾讯和京东，形成第一梯队。接下来，小米、百度、美团形成第二梯队。

在间接价值创造方面，外溢效应维度最能体现互联网平台企业生态助力中小企业和生态就业等方面的贡献。其中，腾讯控股和阿里巴巴形成第一梯队。接下来，京东、美团、百度、拼多多、小米形成第二梯队。创新贡献维度最能体现互联网平台企业未来可持续发展能力和产业数字化融合能力。互联网平台企业间在创新贡献方面差距较大。其中，阿里巴巴、腾讯控股、百度形成互联网科技创新的第一梯队。

在价值分配方面，互联网平台企业间差距较大。其中，腾讯优势较为明显，紧随其后的是阿里巴巴。在税收贡献维度中，腾讯和阿里巴巴在伯仲之间，其他企业与前两名差距较大，但相互之间差别不大。在三次分配（企业捐赠）维度，腾讯领先优势更为明显，阿里巴巴、京东紧随其后，其他企业间差距不大。在劳动报酬维度，腾讯领先优势更为明显，阿里巴巴、京东紧随其后，其他企业间差距不大。

5. 头部互联网平台企业助力共同富裕比较

总体来看，头部互联网平台企业助力共同富裕各具特色。在头部互联网平台企业助力共同富裕中（见图9），腾讯和阿里巴巴在助力共同富裕的五个维度表现较为均衡，京东由于其电商属性较为突出，其直接价值创造指数得分较高，其他指数方面有待提升，特别是由于其前期亏损较大，其再分配贡献较低。

五　领先互联网平台企业的实践经验总结

互联网平台企业在助力共同富裕方面既有一些共性，也有各自的独特之处。其共性主要表现在以下几个方面。第一，互联网平台企业具有与共同富裕内涵相匹配的技术经济属性，自身实力越强、生态能力越强，助力共同富裕的能力越强；第二，领先互联网平台企业助力共同富裕的主要基础是庞大的用户数和繁茂的生态，主要途径是外溢能力，外溢能力的核心又是数字化能力和生态治理能力；第三，能力是基础，意愿是关键。领先互联网平台企业都具有很强的助力共同富裕能力，且具有很强的助力共同富裕意愿，领先互联网平台企业在捐赠以及公益平台等方面都处于领先地位。

从互联网平台企业助力共同富裕指数评价看，腾讯控股和阿里巴巴的领先优势明显，从互联网平台企业助力共同富裕的案例实践看，作为互联网平台企业助力共同富裕领先企业的两家企业实至名归，它们的体系化方法、模式化思路等经验值得其他互联网平台企业学习借鉴。此外，京东、美团、网易等互联网平台企业分别作为网络销售、生活服务和社交娱乐分类评价领先企业也有很多值得称道之处。后文将从互联网平台企业助力共同富裕的价值创造和价值分配的不同维度分析这些助力共同富裕领先企业的特点。

（一）发挥平台优势，赋能产业数字化

1. 阿里巴巴：商业生态系统模式①

2019年1月，阿里巴巴提出构建商业操作系统，将品牌、商品、销售、营销、渠道管理、服务、资金、物流供应链、制造、组织和IT系统11个要素数字化、智能化，成为激发商业增长的新动能，已经形成了一个涵盖了消费者、商家、品牌、零售商、第三方服务提供商、战略合作伙伴及其他企业的生态体系。

阿里巴巴生态体系的平台外溢效应已颇具成效。一方面，从服务消费端看，2021财年，阿里巴巴平台服务11.3亿消费者（包括8.9亿国内消费者和2.4亿海外消费者），年度销售额达8.119万亿元人民币（其中，中国市场年度交易额7.494万亿元），中国市场年度交易额占中国社会消费品零售总额的19%，成为全球最大的零售商业体；另一方面，从服务上游企业端看，企业数智化转型在十大行业成为"一把手工程"；超1000万家企业组织通过钉钉实现数智化转型，其中新零售行业企业组织超过200万家；约200万商家建立了服务端的新组织，具备智能客服能力；500个天

---

① 资料来源：《阿里巴巴集团控股有限公司2021财政年度报告》。

猫商家成立"互联网新品部";超过38%全球500强企业和80%以上中国科技公司在阿里云上;阿里巴巴还开创了以中台为代表的数智化转型技术和方法论,这些技术正在通过阿里云对外输出,以新组织形式助力合作伙伴实现新增长。

2. 腾讯:数实融合与投资助力

2018年9月30日,腾讯提出"拥抱产业互联网",致力于成为各行各业的数字化助手,发挥触达亿万用户的连接能力,推动数字技术与实体经济融合发展。

2020年公司财报显示,腾讯以云业务和企业微信为牵引向产业互联网转型已初见成效,已经与8000多家合作伙伴共建,形成300多项联合解决方案,为医疗、教育、出行、金融、工业、零售等20多个行业的30万家企业提供服务,共同合作超过1000个项目,创造了百亿营收,诞生了一批标杆案例。WeMake工业互联网平台2020年入选国家级双跨工业互联网平台行列。腾讯云为专精特新类精密零部件制造商富驰高科输出了强大算力和AI质检方案,每年可为企业节约数千万的质检成本。基于游戏引擎、云游戏、人工智能等技术自研开发的数字孪生仿真测试平台TAD Sim可用于自动驾驶汽车的研发测试,大大降低道路测试风险和成本,连同高精地图和云开发平台,为自动驾驶汽车生产厂商提供一整套完整的数字工具箱。基于微信平台开发的"粤省事"小程序,也成为数字政务的标杆案例。截至2021年年底，企业微信上的真实企业与组织数超1000万家，活跃用户数超1.8亿人，企业通过企业微信连接及服务的微信用户数已经达5亿人。

腾讯一直以战略投资助力"独角兽"企业发展著称，京东、拼多多等互联网企业，小鹏汽车等新能源车企在早期都曾得到其战略投资。近年来，在国家政策指引下，腾讯的投资方向已明显转向芯片、新能源、生命医学等硬科技企业和专精特新中小企业。据不完全统计，仅在芯片这一卡脖子技术领域，腾讯就投资了燧原科技、云豹智能、摩尔线程等多家初创企业，此外还有先进制造企业协鑫光电、生命科学领域的圆因生物等。

3. 京东：数字供应链模式

作为国内知名电商平台，京东在企业服务领域深耕多年，拥有丰富且专业的企业服务能力，京东通过将采购全流程数字化，深度构建8大核心采购服务能力——选品快、议价快、签约快、下单快、支付快、开票快、报销快、服务好，助力中小企业实现更高效、更精准的采购。借用京东的数字化采购服务能力，中小企业能够在采买的过程中直接享受成熟数字化采购技术带来的红利，从而帮助企业实现降本增效。

4. 美团的O2O生活服务模式[①]

美团是中国O2O生活服务平台龙头，业务布局覆

---

① 资料来源：西南证券研究报告。

盖吃、喝、玩、乐各个生活层面，涵盖餐饮、外卖、出行、酒店、旅行、票务、休闲娱乐等200多个服务品类。美团的生活服务平台型模式是把分散的流量汇集至平台，再由平台把流量统一分发到不同的场景。

从平台上商家——用户方面来看，商家及用户数生态健康，公司用户和商家数量快速增长，截至2021年第三季度美团全平台已积累了6.7亿用户和830万商户，2021年第三季度平台用户数同比增长超活跃商家数增长，分别为40.1%和28.2%。

（二）发力基础研究，探索数智科技创新

1. 腾讯：注重基础研发的自研模式与公益支持国家基础科研[①]

作为一家以互联网为基础的科技和文化公司，腾讯非常注重基础研发和前沿技术研究，从2017年开始，打造了包括AI Lab、自动驾驶实验室、未来网络实验室、量子实验室、机器人实验室、多媒体实验室等在内的基础研究实验室矩阵，引入了一批经验丰富的海内外顶尖科学家和工程师。目前，实验室矩阵已涵盖人工智能、机器人、量子计算、5G应用、边缘计算、物联网和多媒体技术等关键领域，其口号是"学术有影响，工业有产出"。腾讯拥有业界领先的技术专利积累。截至2021年3月，腾讯在全球主要国家和地区专利申请公开数量超过4.5万件，其中AI领域超过

---

① 资料来源：腾讯控股，《腾讯社会责任报告2020》。

8000件、云技术领域超过9000件、安全领域超过5000件，云安全技术专利位列行业第一，区块链专利数进入全球前三。

在芯片开发方面，腾讯自研AI推理芯片"紫霄"、视频转码芯片"沧海"、智能网卡芯片"玄灵"，三款芯片在产品性能上大大领先业界。自研云原生操作系统"遨驰（Orca）"，能管理1亿核CPU，单集群支持10万级服务器。依托于新一代多模态人机交互技术开发的3D手语数字人"小聪"为北京冬奥会提供手语解说服务。

腾讯还以企业投入、公益运作的方式推动中国基础科学发展。2018年发起成立了"科学探索奖"，每年在基础科学和前沿核心技术的九大领域（2022年又增加了医学科学领域）遴选50名青年科学家并给予每人300万元资助。迄今，共有150位青年科学家获奖，他们不仅在各自的领域引领世界前沿，也在"天问一号"火星探测任务、超导计算原型机"祖冲之号"研制、万米深海操控软体机器人研发等多项国家级重大科研项目上承担重要角色。这一奖项给予了中国基础研发领域的中坚力量宝贵支持，激励他们勇于挑战科学前沿。负责深海机器人研发项目的获奖人、浙江大学李铁风表示，"奖励使科学家敢于挑战一些新奇设想和困难的研究"。另一位获奖人，中国科技大学量子物理学家陆朝阳表示，"探索奖为青年科学家提供了交流和思想碰撞的平台"。

2022年4月30日，腾讯更进一步宣布发起"新基石研究员项目",未来 10 年为该项目投入 100 亿元人民币,长久支持外部科学家开展基础研究。据该项目科学委员会主席、中国科学院院士、西湖大学校长施一公表示,"未来 10—20 年将是中国科技发展从量的积累、迈向质的飞跃的关键时期。基础研究是科学之本,这要求基础研究领域率先实现更多突破。本项目将在未来 10 年稳定支持 200 至 300 位杰出科学家,为他们的自由探索提供最大空间"。

2. 阿里巴巴的创新联合体模式[①]

2017 年阿里巴巴开始探索以"达摩院"为主体的创新联合体模式。达摩院主要由三个主体部分组成:第一部分是在全球实验室领域,阿里巴巴达摩院构建亚洲达摩院、美洲达摩院及欧洲达摩院三大全球分部,并在北京、杭州、新加坡、以色列、圣马特奥、贝尔维尤、莫斯科等地设立不同研究方向的实验室,初期计划引入 100 名顶尖科学家和研究人员。第二部分是通过建立联合实验室,阿里巴巴得以与高校建立紧密联系,依托高校的研究实力与阿里巴巴丰富的数据资源推动产学研合作。已建立了包括浙江大学—阿里巴巴前沿技术联合研究中心、RISELab(UC 伯克利)、中国科学院—阿里巴巴量子计算实验室、清华大学—蚂蚁金服数字金融科技联合实验室在内的多家高校联合研究所。第三部分是结合阿里巴巴创新研究计划,联合 13 个国家,99 所高校科研机构 234 支科研团队,

---

① 资料来源:阿里巴巴达摩院官方网站、百度百科等。

达成产学研开放协作，构建全球学术合作网络。

经过五年的探索，达摩院已经设立14个实验室，在AI、量子、芯片和自动驾驶等领域获得60多项世界第一，在国际学术会议和期刊上发表论文1000多篇，并先后孵化"平头哥"和"小蛮驴"两家技术公司，成为全球范围不可忽略的科技新势力。

3. 百度：聚焦AI领域的持续创新模式

与其他互联网公司不同，百度成立之初就具有很强的"技术基因"。

百度最初的10年专注于搜索引擎技术的投入，得以服务10亿互联网用户，并演化出语音、图像、知识图谱、自然语言处理等人工智能技术。最近10年，百度通过聚焦AI相关技术领域，持续不断地科技创新，10年累计研发投入超过1050亿元，2020年百度核心业务研发投入占到收入的21.4%，其中绝大部分投入和AI有关。

2019—2021年，在中国人工智能专利申请和授权方面，百度始终得分第一。根据工信部电子知识产权中心发布的《2020人工智能中国专利技术分析报告》，在人工智能专利申请量和授权量方面，百度以9364件专利申请和2682件专利授权位居第一，并在深度学习、智能语音、自动驾驶等领域占据首位。在云、AI、互联网融合发展的大趋势下，百度形成了移动生态、百度智能云、智能交通、智能驾驶及更多人工智能领域前沿布局的多引擎增长新格局，积蓄起支撑未来发展的强大势能。百度 AI 在 2020 年前后进行了多次架构调整，将云和 AI 在体系上全面打通，百度大脑等业务的核心技术能力可以通过百度智能云输出到各行各业的场景中。

在深度学习、对话式人工智能操作系统、自动驾驶、AI 芯片等前沿领域投资，让百度成为一个拥有强大的互联网用户基础的领先的 AI 生态型公司。集百度通用 AI 能力之大成的百度大脑，已对外开放了 270 多项 AI 能力，日调用量突破 1 万亿次，服务于千行百业的智能化升级。飞桨是中国自主研发的第一个深度学习框架，是 AI 时代的操作系统，凝聚了 265 万名开发者、服务了 10 万家企业。

（三）发挥生态优势，助力稳就业保民生

1. 腾讯的微信平台体系带动就业

微信依托小程序、公众号、视频号、微信支付等，逐步形成覆盖 12.25 亿微信用户、5000 万家商户、6 万余家服务商的平台网络。根据 2020 年 5 月中国信息通信研究院与腾讯微信团队联合发布的《2019—2020 微信就业影响力报告》，2019 微信带动就业 2963 万个，其中直接就业机会达 2601 万个，同比增长 16%，2014 年以来年均增长 22%。同时，微信平台的商业活动愈发频繁，间接带动就业岗位 362 万个。小程序的普及和商业化快速发展，是微信带动就业的核心引擎，2019 年小程序带动就业机会 536 万个，相比 2018 年增

长195%。根据2021年4月中国信息通信研究院与微信联合发布的《数字化就业新职业新岗位研究报告——基于微信生态观察》报告数据，2020年微信生态蕴含的就业机会达到3684万个，同比增长24.4%。其中微信小程序等数字化工具在疫情中发挥了重要的促销费、稳就业作用，小程序的开发、产品、运营等工作机会超过780万个，同比增长45.6%。需要指出的是，微信平台带动的就业岗位只是腾讯带动就业规模的一部分。另外，腾讯通过为京东、拼多多、美团等合作伙伴带去流量，也间接创造了很多就业。

腾讯课堂App通过"互联网+职业技能培训"，结合产业发展新业态、新趋势，提供有针对性的在线技能培训服务，帮助劳动者技能提升、实现再就业。截至目前，平台聚拢了超过13万家教育培训机构和超过2万名知识内容创作者，为全国学习者提供超过40万门专业学习课程和超过100万条免费自学内容，整体月度访问人数超过2600万人，累计为数亿人提供了学习服务。这款在线知识技能培训平台以极低的学习成本，大力提升了乡村劳动力的技能水平，帮助他们通过学习编织、设计、汽修等各类课程，带动自身及身边留守人群致富增收。制造业大省广东在平台上的学习人数领跑全国。新媒体营销、Java进阶、Python、电商平面设计、电商营销等IT类课程成为广东"厂哥""厂妹"的热门之选。

2. 阿里巴巴商业生态体系带动就业

阿里巴巴生态体系及其生态上的服务提供商，为社会创造了大量的就业机会。除为商家提供直接的商业和就业机会外，阿里巴巴生态体系还在物流、营销、咨询、运营外包、培训、服务、在线及移动商业等领域为各类服务提供商创造新的就业机会。根据中国人民大学劳动人事学院于2020年7月发布的《阿里巴巴全生态就业体系与就业质量研究报告》，2019年阿里巴巴全生态就业体系中共蕴含就业机会6901万个（即阿里巴巴数字经济体为6901万人带来过获取收入的机会），其中电商零售平台共带动就业机会4976万个，服务新消费平台共带动就业机会553万个，大文娱平台共带动就业机会302万个，互联网基础设施共带动就业机会1070万个。从这一测算可以看出，整个阿里巴巴数字经济体已经构建了一个较为庞大的全生态就业体系，提供了大量获取收入的就业机会。

表5　　　　　　　　　　阿里巴巴平台就业的类型和形式

平台就业机会类型	代表性平台业务模块	主要带动就业形式
实物商品交易型：商户提供实物产品，在平台上直接售卖	淘宝、天猫、聚划算、闲鱼、1688、零售通、ICBU、速卖通、Lazada等电商平台	线下雇佣就业
线上劳务交易型：由平台组织的线上零工劳务产品	饿了么（骑手端）	线上零工就业
线上服务交易型：商户提供服务产品，在平台上直接售卖	口碑饿了么（商户端）、飞猪、淘票票、大麦网、优酷	线下雇佣就业
商户展示型：商户提供服务产品，在平台上仅做宣传推广和部分（团购）贩售	口碑饿了么	生态关联就业

续表

平台就业机会类型	代表性平台业务模块	主要带动就业形式
互联网企业直接就业型	蚂蚁金服、菜鸟、钉钉、阿里云、高德地图、盒马鲜生、苏宁易购、银泰百货、大润发、居然之家、红星美凯龙、虾米音乐、阿里巴巴影业、UC、阿里妈妈	直接雇佣及灵活就业

资料来源：中国人民大学劳动人事学院2020年7月发布的《阿里巴巴全生态就业体系与就业质量研究报告》。

（四）秉承科技向善，推动公益数字化

从"社会保障的重要补充"到"发挥三次分配作用"，中国的公益慈善事业在新时代被赋予新使命，势必将在社会治理、经济运行、民生财富和文化观念等更多方面发挥积极的影响。互联网企业以互联网技术加快公益项目信息传播速度，增加项目公开透明性和公众信任，实现轻松参与，推动公益慈善理念和实践在中国的普及。

腾讯在三次分配维度的共同富裕指数得分遥遥领先，也摸索出了"互联网+公益"的创新实践之路，努力提升公益慈善活动的专业化程度，依靠数字化手段树立慈善公信力，利用社交媒体平台为民众参与社会公益事业提供各种便利条件，实现"一块做好事"的人人公益，不断促进中国公益事业的发展。

腾讯基金会持续在基础科研、减贫救灾、教育助学、生态环保和传统文化保护等多领域进行捐赠，并打造了国内第一家互联网公益平台——腾讯公益平台，

催生了"99公益日"、互联网公益峰会、科学探索奖等一系列公益项目。腾讯公司承诺每年按照利润的一定比例向该基金会进行捐赠。截至2020年12月31日，基金会累计接受公司捐赠约63.75亿元人民币，累计捐赠支出约46.23亿元人民币。

发展十余年至今，以"做人人公益创连者"为使命的腾讯公益平台已成为国内筹款数量最大、支持公益项目最多、品牌影响力最大的互联网公开募捐信息平台之一。截至2022年5月，平台累计支持国内超11万个公益慈善项目进行公开募捐，累计筹款总额超过185亿元，在民政部认定的三十家同类平台中得分第一。

在"科技向善"使命的引领下，腾讯员工也积极通过捐赠资源、共建项目、技术支持、志愿服务等多种方式，积极参与各类公益慈善活动。

（五）探索有效模式，助推乡村振兴

1. 农村电商模式[①]

阿里巴巴"淘宝村"、拼多多"农地云拼"、字节跳动"山货上头条"等农村电商模式在增加农民收入、带动返乡创业、灵活就业、产业兴旺、减贫脱贫、促进乡村振兴等共同富裕方面发挥着应有的作用。

（1）淘宝村模式

淘宝村是互联网和实体经济相结合的一种新兴的、内生的经济发展产物。"草根创业与平台赋能相结合"

---

① 资料来源：《阿里巴巴社会责任报告2020》。

是淘宝村的主要特色。电商平台为农民提供了低成本的网络创业途径，释放了草根创新力。当占地最广、人口众多的农村地区通过电子商务平台对接了全国统一大市场，便产生了巨大的核聚变效应。电商平台从交易、物流、金融等方面，为草根创业者赋能。在电商平台的作用下，乡村地区得以突破传统区位约束，参与全国乃至全世界的产业分工，实现社会和经济跃迁式发展。阿里巴巴淘宝村计划实施以来，淘宝村从2009年全国共计3个，发展到2021年全国28个省（自治区、直辖市）共7023个淘宝村，全国"淘宝村集群"达到151个。

（2）拼多多"农地云拼+产地直发"模式

拼多多创新性的开发出"农地云拼+产地直发"模式，将分散的农业产能和分散的农产品需求在"云端"拼在一起，让农产品突破传统流通模式的限制，直连全国广大消费者。目前，拼多多已经直连超过1000个农产区，并带动超1600万农户参与数字经济之中，2020年农（副）产品交易额超2700亿元，已带动10万"新农人"返乡就业。

2. 乡村治理人培养和数字乡村治理模式

2021年，腾讯与农业农村部合作发起了"耕耘者"振兴计划，由农业农村部主导，腾讯公司出资，共同促进中国乡村治理体系和治理能力现代化，推动乡村全面振兴。"耕耘者"振兴计划围绕提升乡村治理骨干的治理能力、新型农业经营主体带动小农户发展能力，3年投入5亿元用于人才培训，在3年内将实现线下培训10万人、线上培训100万人。线上依托微信小程序搭建了"为村耕耘者"知识分享平台，借助企业微信App，为乡村提供数字化治理工具，线下探索形成了"分段式、进阶式、参与式、重转化"的培训体系。

2021年5月，"耕耘者"振兴计划在湖南省娄底市新化县吉庆镇油溪桥村开设了一堂沉浸式教学的"乡村治理"课。通过参与"耕耘者"振兴计划，油溪桥村"村级事务积分制管理"这一管理方法实现了数字化：村规民约、户主文明档案袋、积分规则及组织流程完全搬到了线上，积分管理方式也由传统的纸质档案变为微信小程序，村干部和村民可以在上面进行积分记录、审批、公示，村庄治理成效可实时查看。实践证明，"积分制"有针对性地解决了乡村治理中的重点难点问题，符合农村社会实际，具有很强的实用性、操作性。油溪桥村也凭借"村级事务积分制管理"的成功实施脱贫致富，由"空心村"变身"亿元村"。2022年年初，农业农村部开始向全国农村推广油溪桥村的这种乡村治理"积分制"模式。[①]

3. 乡村振兴基金模式

2017年，阿里巴巴脱贫基金成立，计划5年投入100亿元助力脱贫攻坚。2018年，阿里巴巴脱贫基金围绕教育、健康、女性、生态和电商五大脱贫方向，

---

① 资料来源：《腾讯可持续社会价值报告（2021）》。

探索可持续、可参与、可借鉴的互联网脱贫模式。2019年，推出"乡村特派员"模式，为贫困地区带去定制化脱贫方案。随着乡村振兴国家战略的深入推进，2021年5月，阿里巴巴已将2017年成立的"阿里巴巴脱贫基金"升级为"阿里巴巴乡村振兴基金"，并同时发布了"热土计划"，围绕科技振兴、产业振兴和人才振兴三个方向，希望持续以扎扎实实的投入和探索，给乡村带去实实在在的帮助。至2020年年底，832个原国家级贫困县在阿里巴巴平台网络销售额已超过2700亿元。阿里巴巴在全国落地1000个数字农业基地，建成5个数字化大型产地仓、1000多个菜鸟县域快递共同配送中心，与全国各城市的销地仓，淘宝、天猫、盒马鲜生、大润发等线上线下销售渠道，共同形成一张数字化的仓配及分销网络，一年可将100万吨生鲜农产品直供全国餐桌。

4. 促进贫困人口就业

在促进乡村贫困人口就业方面，互联网平台也发挥着重要作用。例如，根据《美团扶贫报告2020》，2013年至2020年8月底，累计有931.3万名美团骑手通过美团的平台实现就业增收，其中有54.5万名建档立卡贫困劳动力，目前绝大多数已经实现脱贫。

5. 公益平台助力乡村振兴

互联网公益平台通过调动公众积极参与慈善捐赠的方式也在助力脱贫攻坚、乡村振兴方面发挥着重要作用。2020年,腾讯公益平台上共有超过2万个募款项目与脱贫攻坚及乡村振兴相关,公众捐款总额达34.46亿元,捐款人次达1.04亿,占当年网友在平台捐款总金额约9成。

六　互联网平台企业助力共同富裕的新使命

作为数字经济的重要组成部分，中国互联网平台企业迅速发展壮大，推动新业态新模式不断涌现，充分利用互联网开放、共享、协同、去中介化等特性，以及平台经济所具有的网络外部性、规模经济、范围经济、外溢效应、长尾效应等技术经济特性，在推动互联网产业化、赋能产业数字化、探索数智科技、推动公益数字化、助力精准扶贫和乡村振兴、精准防控疫情、帮扶小微企业等诸多方面做出了很多值得称道的贡献，在促进地方经济发展、推动技术进步、带动就业等方面发挥了积极作用，已经成为中国经济高质量发展的新动能。

中国互联网平台企业内生的可持续发展需要与企业社会责任追求，依托互联网平台企业特有的价值创造机制、普惠机制、数字化机制、分配激励机制，与共同富裕的目标趋于一致。互联网平台企业通过数字产业化和产业数字化融合创造了很大的直接价值（包括物质和精神价值创造），通过发展平台经济、共享经济产生的外溢效应间接创造了更大的价值,并通过互联网精准扶贫、乡村振兴和"互联网+公益"、数字化战"疫"等多种途径的三次分配实现了价值转移,已经成为助力中国共同富裕的重要力量。

(一) 当前互联网平台企业助力共同富裕存在的问题

互联网平台企业在其高速发展过程中,也暴露出一些问题,可能成为互联网平台企业助力共同富裕的阻碍因素。

一是在直接价值创造方面,近年来消费互联网为主导的互联网发展遇到瓶颈,互联网平台业务同质化竞争,商业模式缺乏创新,国际市场开拓不足。

二是在间接价值创造的外溢效应方面,平台经济的许多特性,比如规模经济、范围经济、网络效应、双边市场、"赢者通吃"、市场集中度提升等,既可以带来好的回报,也可能造成滥用市场支配地位的垄断与反竞争行为(如迫使商家"二选一")、歧视性定价(如"大数据杀熟")、利益相关方受损(如"数据过度采集""平台佣金过高")、财富高度集中和影响社会秩序等新问题。

三是在间接价值创造的创新贡献方面,中国大型互联网平台企业与美国头部互联网平台企业在科研产出方面相比仍然具有较为明显的差距,表现为研发投入总额、研发投入强度、专利的市场影响力、技术影响力等方面的差距。同时,互联网平台企业基于网络优势可能产生创新惰性。此外，近年来互联网平台企业大量投资并购具有先进技术和创新商业模式的初创平台和新兴企业，在并购后通过优势业务"引流"抢占市场份额，或者通过团队整合、规则再造而消灭潜在竞争对手。这种"掐尖式并购"行为可能抑制市场竞争、导致经营者集中或垄断，并可能阻碍创新，引发社会的普遍担忧。根据市场监管总局发布的《中国反垄断执法年度报告（2020）》，截至2020年年底，市场监管总局查结未依法申报违法实施经营者集中案件3件，已立案正在调查17件；审结经营者集中案件6件，其中2件为横向集中，4件为纵向、混合集中。

四是在价值转移方面，互联网行业与社会平均劳动报酬的绝对值相比普遍较高，但互联网行业资本回报率更高，资本与劳动之间的分配存在改善空间。

五是部分互联网平台企业在劳动者权益保护方面也有所欠缺。如互联网企业的"加班文化"、部分企业通过劳务外包模式规避劳动者保障责任等。此外，一些互联网平台企业存在利用数据和算法过度控制劳动者的问题，如平台对快递小哥工作过程的全面操控。这些现象与"共富发展"的意识形态从顶层逻辑上存在矛盾。

（二）未来互联网平台企业助力共同富裕的新使命

互联网企业，特别是大型互联网平台型企业因其具有很强的平台经济特征、超强的网络效应、强大的社会影响力，理应在未来助力共同富裕过程中承担起新使命，更加注重社会责任，未来互联网平台企业要充分利用自身的数据、技术和网络优势，积极转换角色、主动谋变、互利共生，规范发展、反哺社会，才能行稳致远。

1. 角色转换，做强做优做大数字经济

根据《国民经济和社会发展第十四个五年规划和2035年远景目标纲要》（以下简称"十四五"规划）对数字经济的全面部署，"十四五"时期，中国将进一步加快数字经济发展，促进数字技术与实体经济深度融合，催生新产业新业态新模式，赋能传统产业转型升级，加强关键数字技术创新应用，在重点行业和领域通过数据赋能全产业链协同数字化转型。根据"十四五"规划，中国数字经济核心产业增加值占GDP的比重要由2020年的7.4%提升至10.0%，较"十三五"时期提升明显。如果将产业数字化设定为与"十四五"时期数字产业化增速同样的年增长率，到2025年，产业数字化和数字产业化总值预计将超过GDP的50%，届时数字经济将成为国民经济存量的半壁江山和增量的主要贡献来源。

经过二十多年的发展，互联网企业特别是大型互联网平台企业凭借电商、平台经济、共享经济等数字化新模式在数字产业化和产业数字化领域，特别是在消费互联网领域占据了重要市场地位，为中国数字经济发展实现弯道超车做出了很大贡献。但互联网企业在产业数字化（如工业互联网）、数字化治理、数据价值化等数字经济领域还有很大的提升空间。

产业互联网和消费互联网有很多区别。消费互联网的核心是链接与流量，流量为王，但是产业互联网的核心是提质增效。消费互联网表现为替代，包括电商平台颠覆传统的线下零售。产业互联网更多体现出互补或共生的关系。相比较消费互联网，进入产业互联网的企业垂直化专业化特征比较明显，这需要平台对细分的行业有更多的了解，表现优秀的企业对用户的锁定效应也更显著。

展望未来，数字经济的发展对各行业的生产方式、创新方式都会产生非常大的影响，这就是所谓的第四次工业革命。在这个历程中，互联网企业的定义会被重新塑造，数字经济的范围也会扩展到社会各个领域。互联网平台企业应充分利用在消费互联网时代积累的知识及经验，发挥科技创新能力，助力数字消费（如数字文化、数字传媒、元宇宙、数字医疗等）、数字基建投资（如数据中心）、数字技术（如云计算、人工智能、量子计算等）、数字化制造（如数字孪生、数字化设计、数字化工艺、数字化加工、数字化装配、数字化管理等），为中国数字产业化和产业数字化的深入发展，实现传统行业全面的数字化转型，推动数字经济持续健康发展贡献更多力量。

2. 规范发展，提升平台治理能力

随着互联网平台经济的快速发展，平台企业通过精准匹配供需，通过商品、服务或货币交换为所有平

台参与者创造价值，在提升经济运行效率、促进生活便利乃至公益慈善、扶贫攻坚和乡村振兴等方面都发挥了重要作用，不仅极大提高了全社会资源配置效率，推动技术和产业变革朝着信息化、数字化、智能化方向加速演进，同时也有助于贯通国民经济循环各环节，有利于提高国家治理的智能化、全域化、个性化、精细化水平，其积极作用毋庸置疑。

然而，如前所述，互联网企业特别是互联网平台企业以其技术、规模、商业模式和市场影响力，在多业态交易、网络负外部性（如歧视定价、交叉补贴）、可竞争性（多栖性、易于模仿、快速迭代）、市场主体与局部市场规制者双重角色、数据确权与交易、数据安全等方面，为市场秩序规范和平台治理带来一些问题和挑战。为此，2020年年底的中共中央政治局会议、中央经济工作会议和2021年年初的中央财经委员会第九次会议都明确提出要建立健全平台经济治理体系，明确规则，划清底线，加强监管，规范秩序，促进公平竞争，反对垄断，防止资本无序扩张。此后相关部门纷纷出台了一些监管政策[1]并采取了一系列监管举措。

---

[1] 2021年，《中华人民共和国数据安全法》《关键信息基础设施安全保护条例》《中华人民共和国个人信息保护法》正式实施，全方位保障网络空间安全；国务院反垄断委员会发布《关于平台经济领域的反垄断指南》，旨在预防和制止平台经济领域垄断行为，促进平台经济规范有序创新健康发展；中办、国办印发《关于加强网络文明建设的意见》，营造清朗网络空间。此外，人力资源和社会保障部等八部门共同印发《关于维护新就业形态劳动者劳动保障权益的指导意见》，关注新就业形态劳动者权益。2022年1月，国家发展改革委、市场监管总局、中央网信办、工业和信息化部等九部门联合印发《关于推动平台经济规范健康持续发展的若干意见》，提出坚持发展和规范并重，坚持"两个毫不动摇"，建立健全平台经济治理体系，构建有活力、有创新力的制度环境，促进平台经济规范健康持续发展。

未来互联网平台企业要在助力共同富裕中发挥更大的作用，就必须在规范治理中努力促进高质量发展。为此，建议规范平台经济发展和提升平台治理水平可以从以下几个方面着手。一是互联网平台企业应秉承"科技向善"理念，坚持发展、创新和规范并重，高度重视包括消费者、平台参与方、员工等利益相关者权益保护，网络安全、数据安全和业务合规管理，强化用户意识、创新意识，强化互联网平台企业自身治理能力建设。二是互联网平台企业要加强对国家政策、导向和规则的理解和沟通，充分认识监管边界、底线、红线，在规则允许范围内实现规范健康可持续发展。三是理论界要加强经济学分析在治理政策中的作用，为政策问题的判定提供理论依据。例如，如何准确评价互联网平台企业对数字经济和 GDP 的贡献，如何判定互联网平台企业的市场垄断，差异化定价是否一定损害消费者利益等，通过具体、深入的经济学分析与判定，避免简单化的"一刀切"的监管做法。四是政府有关部门要明底线、立规矩，加快健全平台经济法律法规，明确监管边界，及时弥补规则空白和漏洞；要重视合规监管，加强分类监管、算法监管；清晰界定平台企业的市场垄断行为，维护平台之间公平竞争；加强消费者、平台市场参与方等利益相关方权益保护；注重外部性问题和社会价值观导向监管。五是政府有关部门也应重视前期出现的严监管下互联网企业发展失速、市值大幅缩水的情况（见表 6、表 7），未来有关部门在政策制定中应更加关注在创新与秩序之间求得平衡，不断迭代监管能力，提升监管水平，使平台治理政策规范、透明、可预期，加强治理政策的统筹与协调，为中国互联网企业发展营造更加规范、良好的政策环境。最终形成政府、企业、行业组织协同配合的治理格局，促进平台经济规范健康持续发展，让更多产业、企业和消费者共享数字红利，保持中国经济健康发展的长期态势。2022年4月29日，中央政治局会议提出，要促进平台经济健康发展，完成平台经济专项整改，实施常态化监管，出台支持平台经济规范健康发展的具体措施，为未来互联网平台治理指明了方向。

表6　　　　2021年第四季度美国主要互联网公司财报

（单位：亿美元，%）

公司	营业收入	同比增长	净利润	同比增长	市值
Alphabet	753.25	32.00	206.42	36.00	18100
微软	517.28	20.10	187.65	21.40	23100
苹果	1239.45	11.20	346.30	20.40	27800
奈飞	77.09	16.00	6.07	12.00	1700
Meta	1179.29	37.18	102.85	-8.33	6685

注：市值为美国东部时间2022年1月28日收市时。

资料来源：互联网公司财报。

表7　　　　2021年第三季度中国主要互联网公司财报

（单位：亿美元，%）

公司	营业收入	同比增速	扣非净利润	同比增速	市值
腾讯	220.43	13.5	49.23	-1.7	5600
阿里巴巴	311.47	29.0	44.27	-39.0	3100
美团	75.59	37.9	-8.56	N.A.	1700

续表

公司	营业收入	同比增速	扣非净利润	同比增速	市值
百度	49.54	13.0	7.88	−27.0	500
京东	338.54	26.0	7.74	−10.7	1100

注：阿里巴巴、百度、京东的市值为美国东部时间2022年1月28日收市时；腾讯、美团的市值为2022年1月31日收市时。美元兑换港元汇率按照1∶8.0649计算。

资料来源：互联网公司财报。

3. 持续投入，提升科技创新能力

中国互联网平台企业经过二十余年发展，在技术能力、商业模式和运营经验等方面持续积累之余，开始大力投资IT技术研发甚至是基础研究（R&D），以为未来竞争构筑优势。近年来中国互联网平台企业学术论文发表数量及影响力都在激增。特别是在计算机科学领域的发展尤其突出。不但在主流学术会议、研讨论坛等都能见到中国互联网平台企业的研究成果，而且学术产出及影响力已经跻身国际前列。这些成果凸显了中国互联网平台企业日益增长的科研活力，并提升企业在经济发展中的影响力。

未来互联网行业通过科技创新促进共同富裕大有可为。一是互联网平台企业应继续加大研发投入，提升研发强度，提升科技影响力。二是在研发方向上，要夯实基础，布局未来优势。大力推动5G、千兆网络等新一代信息通信基础设施建设，超前部署6G等新型网络技术研发和产业布局；加快对下一代互联网、工业互联网、云计算、人工智能、数据中心、内容分发网络等建设部署和应用推广，促进应用基础设施快速

发展。三是要提升技术创新能力，加快高端芯片、网络切片、基础软件等关键技术突破。围绕实体经济数字化转型，加快技术创新、业务创新和商业模式创新，促进成果转化成为市场应用，推进产业链协同创新发展，加快构建具有竞争力的产业集群，着力增强产业链供应链的稳定性和竞争力。

4. 以人为本，提升初次分配公平性

互联网行业与社会平均劳动报酬的绝对值相比普遍较高，从互联网平台企业助力共同富裕评价看，大部分互联网平台企业在劳动报酬方面得分较高。但互联网行业资本回报率更高，资本与劳动之间的初次分配仍然存在改善空间。此外，在高速增长期，很多互联网平台企业通过增加工作时长、人海战术获得更大的边际收益，形成畸形加班文化，损害了劳动者权益，造成人力资本效能和员工幸福感的双输局面，也与互联网行业"向创新要效率"的高质量发展要求也背道而驰。通过进一步提高人力资源配置效率，用创新变革撬动提质增效，并转变用工方式，很有必要。

未来互联网平台企业既要着眼于成交总额、净利润等维度的增长，也要立足于"人"的发展。人是发展的目的，而非手段，无论是"高质量发展"的要求，还是"推动共同富裕"的目标，都是把"人"放在了发展位阶中更高的价值位次，也凸显了强化人民的获得感、幸福感、安全感的鲜明导向。在规范化监管频繁落地、劳动权益理念逐渐强化、企业发展转型升级的背景下，包括互联网行业在内的各行各业都应秉持长线发展视角，回归以人为本，才有可能为自身可持续、高质量发展夯实基础。互联网平台企业要更好地处理劳动与资本、劳动者与投资者之间的关系，要带头遵守劳动法，保障员工的合法权益。一些互联网企业，还要逐步解决通过外包等方式，规避劳动者保障责任等问题。互联网平台企业在自身业务不断发展的前提下，要更多地与员工分享企业发展的成果，关心劳动者的身心健康和可持续发展。

5. 互利共生，提升三次分配贡献度

通过互联网平台企业助力共同富裕指数评价分析，发现除了几家头部互联网平台企业，大部分互联网平台企业在三次分配方面表现不尽如人意。尽管企业捐赠是三次分配的一种形式，但不是唯一的形式。部分头部互联网平台企业已经开始探索助力三次分配的创新模式。

随着消费互联网转向产业互联网，互联网企业和多个行业产生了更加密切的连接比如教育、医疗、能源、碳中和、乡村振兴等，公共与社会属性日益增强。因此，未来互联网平台企业要坚持以人民为中心的发展思想，勇于承担更多社会责任，在符合商业逻辑的同时，与相关企业和社会组织合作，互利共生、共同探索提升社会价值的途径和方法，通过普遍社会服务、乡村振兴、信息无障碍建设等专项行动，缩小技术、设备、观念上的数字鸿沟，让亿万人民在共享互联网发展成果上有更多获得感、幸福感和安全感。

附录一　互联网平台企业助力共同富裕案例

（一）案例1：阿里巴巴"淘宝村计划"

1. 案例背景

首先，近年来互联网快速发展，互联网作为基础设施的时代已到来。其次，新经济推动了各类要素在城乡之间的重新平衡，乡村所具有的低成本创业环境、独有农特产品资源以及乡镇企业发展留下的非农产业基础，形成了乡村发展的潜在优势。最后是核心动力，若干具备现代产业知识，有一定眼界的草根创业者的涌现，形成了有效的带动作用。这些要素共同推动了淘宝村的发展。

2. 项目发展历程

淘宝村是互联网和实体经济相结合的一种新兴的、内生的经济发展产物。根据阿里巴巴研究院制定的淘宝村标准，在农村地区，以行政村为单元，电子商务年销售额达到1000万元，本村活跃网店数量达到100家或当地家庭户数的10%，就可以认定为淘宝村。从

2009年全国共计3个，到2021年突破7000个，淘宝村的发展过程可归纳为"萌芽期""扩散期""爆发期"三个发展阶段。其中，"萌芽期"是指2009—2013年，在这一时期，城市的边缘人群接触到电子商务，成为草根创业者，在自家院子里创业、自发成长。"扩散期"是指2014—2018年，在这一时期，淘宝村的财富效应迅速向周边村镇扩散，形成淘宝村集群，政府开始有序引导和支持发展，产业空间的规模化建设与配套设施全面扩张。而2019年以来可称为淘宝村的"爆发期"，在这一阶段，农村网商的企业家化和电商服务业支撑起的生态大爆发，同时伴随着人居环境的全面优化和乡村治理体系的现代化转型。

3. 主要特色

"草根创业与平台赋能相结合"是淘宝村的主要特色。草根创业者是淘宝村发展的第一主体。最早涌现的淘宝村基本由自下而上的草根力量推动形成，如沙集镇东风村和大集镇丁楼村，是自发型淘宝村的典型代表。孙寒、任庆生等草根创业者的先行尝试点燃了电商发展的星星之火，当"网上卖货赚了大钱"的消息在乡村里迅速传播起来时，互联网电子商务所带来的财富效应开始驱动模仿扩散。经济实力强的电商大户，更是跳出自家院子在村外办起生产加工厂，推动着电商产业链的不断完善。电子商务平台为农民提供了低成本的网络创业途径，释放了草根创新力。当占地最广、人口众多的农村地区通过电子商务平台对接了全国统一大市场，便产生了巨大的核聚变效应。电商平台从交易、物流、金融等方面，为草根创业者赋能。在电子商务平台的作用下，乡村地区得以突破传统区位约束，参与全国乃至全世界的产业分工，实现社会和经济跃迁式发展。

4. 项目成果与影响力

2021年，全国28个省（自治区、直辖市）共出现7023个淘宝村，较2020年增加1598个，增量再创新高，连续第四年增量保持在1000以上。淘宝村集群化发展态势显著，全国淘宝村集群所含淘宝村数量占全国总数的比例再上新高，从2020年的76%上升到83%。2021年，全国"淘宝村集群"（淘宝村数量达到或超过10个）达到151个，比2020年增加33个。"大型淘宝村集群"（淘宝村数量达到或超过30个）达到65个，比2020年增加19个。"超大型淘宝村集群"（淘宝村数量达到或超过100个）达到12个，比2020年增加4个。淘宝村在增加农民收入、带动返乡创业、灵活就业、产业兴旺、减贫脱贫、促进乡村振兴等方面凸显出重要的经济、社会价值，自然也会在共同富裕建设中发挥着应有的作用。

（二）案例2：腾讯"微信支付全国小店烟火计划"

1. 案例背景

近些年来，中国经济社会的数字化水平大幅度提升，以微信支付、支付宝为代表的移动支付工具更成为全国城乡数以亿万计的中小微商家的数字化助手。2020年新冠肺炎疫情迅速波及全国，作为国民经济"毛细血管"的中小微商家面临生死存亡。

2. 项目发展历程

针对实体经济中小微商家出现的实际困难，2020年6月，微信支付面向平台的小微商家发布"微信支付全国小店烟火计划"，在线下线上一体化、福利补贴、商家教育指南、经营保障支持方面输出四大全新数字化政策，助力小微商家降本增收。经过一段时间的运营，"全国小店烟火计划"取得了不错的效果，2021年上半年，微信支付把"微信支付全国小店烟火计划"提档升级至2.0版本，将在此后三年内追加100亿元资金及资源投入，从福利补贴、营销能力、经营保障、线上线下一体化等方面持续扶持中小商家及个人收款码客户，助力线下线上生意实现增收。2.0版本在小微商家低成本开店、意外保障、线下经营效率、低门槛营销等方面都实现了实质化提升。尤其是加码上线了免费的新冠肺炎疫情保障，支持客户为自己及其家人提供保障，一旦确诊即可获得最高3万元经营补贴。

3. 主要特色

"线下线上一体化"是该计划为小微商家加码提供的数字化工具能力，让更多小微商家在疫情中、疫情后快速实现线下线上生意一起做。小微商户借助智慧经营工具"收款小账本""下单助手""小程序店铺模板""朋友会员"等功能提高线上运营效率，解决夫妻小店人手少的痛点问题。商家可快速搭建线上门店，录入门店商品并生成下单码，一键发送给顾客好友，同时通过"朋友会员"功能配置折扣优惠活动，在朋友圈及社群宣传拓展客户流量，为线下摊店引流提升复购率。

此外，微信支付还为商家提供物料等营销支持。包括免费下载门店经营海报、智能播报音箱，帮助商家提升线下门店形象和推广能力。特别需要指出的是，微信支付将帮助小微商家解决困难作为一项准公益项目来做。微信支付相关负责人在2022微信公开课PRO中表示，过去几年，微信支付从未在小微商户收款业务中实现盈利，一直都处于亏损状态。

4. 项目成果与影响力

自"微信支付全国小店烟火计划"发布以来至2021年4月底，针对免费提现等补贴，微信平台已累计投入超30亿元，帮助降低支付费用；物料补贴下放数量已过亿，补贴成本超10亿元；二维码收款安全险累计覆盖客户超千万；新冠肺炎疫情保障累计领取数超300万份；"收款全面保"赔偿金已过百万。这些细致入微的服务，有力地帮助了路边的早餐煎饼摊、农贸市场的菜农、社区的杂货店，历经疫情的考验，方便着普通民众的生活，支撑起一个个家庭的生计和人间烟火。

武汉"东一味"餐馆是一家规模不大的连锁早餐店，2020年4月初在武汉挺过最艰难的日子后开始逐步复工，但生意只有原来的两至三成。"东一味"在微信工具助力下，推出了"无接触点餐"服务。店家通过公众号平台接口可连接各种功能的小程序，进行宣传和营销活动。顾客也可通过公众号和微信支付二维码完成从下单到支付的全流程。"回味鸭脖坊"是一家从小推车做起的夫妻小店，也是这个家庭赖以生存的全部营生。在武汉疫情严重还未解封时，老板娘通过朋友圈、微信群针对老顾客进行线上销售，挺过了最艰难的日子。

"微信支付全国小店烟火计划"在帮助小微商家获客、留客，增加营业收入，降本增效，渡过疫情困难期等方面发挥着重要作用，也能更好地稳定小微经济、稳就业，以实际行动践行国家"六稳六保"政策。未来，微信可以把"微信支付全国小店烟火计划"的经验复制到更多的行业、企业和群体，把数字化能力普惠到更多的企业和群体，践行共同富裕新使命。

（三）案例3：京东"产业带计划"

1. 案例背景

在日益严峻的国际经济形势与逐步升高的贸易壁垒的大背景下，国内制造业产能过剩的问题愈发突出，2020年6月，国务院发布关于支持出口产品转内销的实施意见,帮助外贸企业纾困,鼓励外贸企业拓展销售渠道,促进国内消费提质升级。在这一大背景下,各大平台的C2M模式以提供线上销售渠道、营销支持、新品研发建议、数字化改造赋能工厂为主要方向,希望能够促进供需匹配,助力国内制造产业升级。

2. 项目发展过程

针对零售、制造业,京东通过C2M等路径为大量品牌商及制造商解决与消费者间信息不对称的问题,将丰富的能力和资源开放给众多合作伙伴,推动中国制造业数智化转型。2020年4月20日,京东旗下社交电商平台京喜推出产业带厂直优品计划,推广工厂直供模式,通过搭建高效全链路零售系统,去除中间流通环节,推动"生产"到"产销"的全方位转型,实现供给端和消费端的双通路拉动,受益企业约有1万家。在助力农业产业带发展方面,京东自2015年启动农村电商战略,过去5年京东平台实现农产品交易额超5800亿元,成为农产品上行的主渠道。

3. 主要特色

京东在支持产业带发展方面有三个独特优势,即产地仓布局、一体化供应链服务能力和产业中台服务能力。第一是产地仓布局,京东基于产业带特色产品打造的产地仓,是释放产业带生产力、助力产业带发展的重要基础设施。第二是一体化供应链服务能力。在解决流通仓配需求的同时,京东也通过C2M模式/

供应链协同模式，精准高效地连接供给端与消费端，为国内品牌，尤其是中小厂商提供更高效的成长支撑，帮助传统产业实现数字化、智能化升级，从而催生更多贴合消费者需求的产品，促进新型消费发展。第三是京东的中台服务能力。不同于其他电商平台在产业带布局上以流量模式为主，作为自营商品、自建物流的最具产业属性的互联网平台，京东在助力产业带发展方面是产业中台模式。京东同时还开放了自身完整的数智化社会供应链能力，搭建分散的产业带商家难以自建的系统能力、用户运营能力、产业理解能力和B2B2C模式的企业服务能力，为商家提供一整套的产业中台服务直面最终用户，提升产业带商家产品的质量和运营效率，助力产业带品牌化、标准化、规模化、数智化发展。

4. 项目成果与影响力

2020年年末，京东自有品牌推出产业带"C.E.O"计划，全力推动产业带上的中小企业加速实现转型升级、降本增效。截至目前，京东自有品牌产业带"C.E.O"计划已经覆盖全国70%的产业带，2021年助力61件制造型商品销售额破千万、超800吨大米/杂粮等高质量农产品实现上行。打通产销，帮助高质量农产品更快"走出去"。京东在助力产业带发展方面还注重为产业带造血，利用供应链技术与服务，带动产业带品牌化、规模化发展。京东在河北武邑、江苏泗洪、河北阜平等地推动跑步鸡、游水鸭、飞翔鸽等项目，从金融、种植养殖、加工、品牌包装、物流、营销推广、技术追溯等各个环节介入，打造绿色、安全农特产品规模化、标准化生产和销售，培育农产品品牌。未来，京东还将加大对产业带的支持力度。以京喜为例，接下来京喜将继续聚焦中国1000个产业带和源产地的100万家优质工厂型及农场型商家，帮助商家从新品孵化、爆品突破及产业集群提效增收三个方向寻找新增长点。

（四）案例4：拼多多"百亿农研专项计划"

1. 案例背景

目前农业生产方式现代化程度还不高。但是在城市化、人口结构调整和数字化趋势下，在未来十年内，很多农民将退出农业生产。同时，农产品供应链是制约中国农产品上行的短板。中国果蔬类的流通损耗达到20%—30%，远高于美国的11%。在传统流通链路中，农民和消费者之间缺乏直接对接，供给信息要层层传递。一旦信息滞后，产地预判错了市场，便会引发连锁反应，出现"猪周期""蒜你狠""向前葱"等周期陷阱。这也是作为中国最大的农产品电商平台的拼多多看到的问题，问题就是机会，中国农业走上标准化、规模化、品牌化、智能化的发展道路势在必行。

2. 项目发展历程

拼多多以农产品零售平台起家，深耕农业，开创了以"拼"为特色的农产品零售的新模式。在投身数字农业的过程中，拼多多结合中国农业的发展状况，通过大数据、云计算和分布式人工智能技术，创新性地开发出"农地云拼+产地直发"模式，将分散的农业产能和分散的农产品需求在"云端"拼在一起，让农产品突破传统流通模式的限制，直连全国广大消费者。2021年8月24日，拼多多宣布成立"百亿农研"专项，并由 CEO 陈磊亲自担任一号位，计划将拼多多打造为全球最大的农产品零售平台。此外，拼多多还将以后几个季度可能有的利润率先投入这个专项，直至 100 亿元的总额得到满足。该专项不以商业价值和营利为目的，将致力于推动农业科技进步，科技普惠。

3. 主要特色

针对传统零售中的层层加价问题，拼多多不断完善农产品大数据平台，将消费信息反向输出给产地，让农户、商家第一手获知消费区域喜好、品类需求等信息，及时按需备货，将精准生产、精准流通联动起来，帮助农民降低成本、提高效率，推动解决农业供给大于需求的"卖货难"问题。拼多多探索出一条"农货产地直发"的 C2B 模式，在降低中间流通成本让利消费者的同时，帮农户搭上社交电商"高铁"，实现电商扶贫。拼多多独特的"以拼助捐"，是电商平台在精准扶贫领域的独特尝试。而拼多多成立的"百亿农研"专项不以商业价值和营利为目的，致力于推动农业科技进步，以农业科技工作者和劳动者进一步有动力和获得感为目标。

4. 项目成果与影响力

截至目前，拼多多已经在全国范围内，持续投入建设冷库、生鲜冷链物流体系等基础设施，建立适合于生鲜农产品的供应链体系，提高流通效率，降低损耗。依托"农地云拼"等技术创新体系，拼多多已经直连超过 1000 个农产区，并带动超 1600 万农户参与到数字经济之中，2020 年农（副）产品交易额超 2700 亿元，已带动 10 万"新农人"返乡就业。拼多多有效打通农产品上行通道，将产地、农户和消费者直连，减去中间环节，再以直播为抓手，将上行通道的效率最大化，既是拼多多的模式创新，也走通了电商扶贫的基本模式。不仅让农户与市场得以低成本对接，享受新电商红利，还培养了一批懂电商、懂农业的"新农人"投身到现代农业的建设中。

（五）案例 5：字节跳动"山货上头条"

1. 案例背景

中国的大山深处隐藏着不少山珍，这些本可为农民带来不少收益的山货，却常常无法走出大山只能以很低的价格贱卖甚至腐烂。销售渠道不通是山民们面对的主要难题，年轻人多外出打拼，乡村空心化现象严重，守村的老人又很难将山货销售出去。且新冠肺炎疫情发生以来，由于部分线下交易暂停、交通物流受阻等原因，山区农产品销售更加不畅；另外，在部分地区则出现一定程度买菜难的问题。如何帮助国家级贫困县特色物产打造品牌，助推农产品走出大山，被更多的用户知晓和购买，互联网电商平台为解决这个难题提供了新思路。

2. 项目发展历程

"山货上头条"是字节跳动公益金稻穗计划发起的公益助农项目，旨在帮助国家级贫困县打造特色农产品品牌，助推当地农产品上行其中，重点打造了8款国家级贫困县扶贫农产品。字节跳动借助平台的信息技术优势，挖掘中国乡村好物，通过流量扶持、内容定制、直播电商、产业带动、人才培训5大项赋能乡村振兴，为贫困地区特色农产品打造品牌，提升品牌认知度，促进农特产品产销对接，助力农产品上行。

字节跳动充分利用自身的业务优势，为贫困地区的文旅进行推介，带动优质农产品走出大山，惠及广大贫困人口。"授人以鱼不如授人以渔。"2021年"冬季山货节"活动期间，广西百色田东县的沃柑销量同比增长了422%，其中仅宋广福的农派三叔水果基地，就卖出了约35吨沃柑；河南开封万隆乡的蜜薯销量同比增长205%，万隆乡新商家开封蜜薯在平台的扶持下卖出了1.6万单，相当于当地30—35亩地产量。除了农户们自种自采的沃柑、蜜薯等农产品，内蒙古的酱牛肉、羊肉肠，山西的陈醋，青海的羊排骨、牦牛牛排，云南的菌汤包，安徽的黄油土鸡等美味特产，都借力电商，高效地出村进城，销量颇丰。

3. 项目特色

某种程度上说，以抖音电商为代表的电商平台相当于一座桥，将需要更多关注的山货产地与存在消费需求的用户连接起来，并在这个过程中实现电商助农与促进乡村发展的更大价值。作为由抖音电商和字节跳动公益共同支持的项目，"山货上头条"隶属于字节跳动乡村计划，该计划在聚焦乡村中人、货、景的同时，助力乡村人才培训、促进农产品销售，带动乡村文旅发展。换句话说，这相当于从源头助力优质农货出村进城，既能够令农人增收、促进地方农特产业的发展，更为助推乡村经济创造了新的价值。

事实上，短视频与直播的结合，也是兴趣电商实现助农目标的基础。毕竟农货中有相当大一部分属于果蔬生鲜类，运输中极易损耗，对保存条件要求很高，而直播则给用户提供了更为直观的产品感知，快捷而便利。除此之外，抖音电商还筹备了前置品控、售后无忧、生鲜溯源等多项服务，提前与地方物流企业沟通运力配备，协同商家解决发货问题。兴趣是第一步，顺畅的购物体验决定了产品的复购率，只有真正获得消费者的认可，才称得上是可持续地帮助地方农特产业发展，将电商助农落到实处。对如你我一样的普通用户而言，短视频和直播可以是一种休闲方式，也可以是一个直接且即时的消费渠道。但对扎根于农村、埋头于田野、将生活的希望寄托于农货的农人来说，那或许是他们打开新销路的一把钥匙——一部手机加上一台三脚架,不只记录了他们平淡又忙碌的日常,也让散落于各地的新鲜特产被置于镜头前,并以此为起点,走上千家万户的餐桌。

4. 项目成果与影响力

2022年1月18日,字节跳动公益和抖音电商公布了"冬季山货节"活动的最新情况,作为"山货上头条"助农项目的一部分,抖音电商开设线上专区,推介111个县市的特色农产品。在为期24天的活动中,共有390万名消费者下单,助销547.3万单农货。与此同时,抖音电商作为兴趣电商的特质也得到了充分发挥,"山货上头条"话题短视频播放量达14.4亿次,9000多位创作者参与分享家乡山货,而话题与播放量火爆的背后恰是农时农事与乡土情怀备受欢迎的体现。

字节跳动下的抖音电商围绕社会价值进行了更为深入的探索,在平台内容与技术手段的加持之下,越来越多的农人通过短视频与直播打开产品销路,越来越多的农产品品牌自此诞生,越来越多的消费者得以品尝到原产地新鲜优质的农特产,而这些又将在当地创造越来越多的就业岗位,进而带动更多的人参与进来——这不仅意味着新农人的成长,更是助推乡村经济可持续发展的有生力量。

（六）案例6：快手"幸福乡村带头人计划"

1. 案例背景

在城市化进程不断加快的今天，乡村与城市的联结也在日渐加强，许多年轻人也开始尝试通过互联网售卖自家的农产品。但乡村的产品在走向大城市的过程中往往面对销售渠道不畅、产品质量良莠不齐、管理沟通混乱等诸多难题。乡村的产品如何走出去，如何卖得好，如何卖得长久，少不了农民们的辛勤耕耘，更离不开科学系统化的培训与管理。幸福乡村的美好构建，离不开每一个村民的努力，同时也需要乡村带头人发挥"领头羊"作用，积极推动幸福乡村建设。

2. 项目发展历程

2018年，快手发起"快手幸福乡村带头人"计划，在全国发掘至少100位有能力的乡村创业者，通过提供线上和线下的商业和管理教育资源，流量和品牌资源等，促进带头人自身能力成长，支持他们的乡村产业发展，进一步推动乡村经济发展，增加在地就业机会，助力乡村振兴。2018年9月，该计划选出的首批20位乡村创业者来到北京，参加了快手为他们举办的首期以"乡村创业如何起步"为主题的"快手幸福乡村创业学院"，接受了专业的商业和管理教育培训。该项目以人为核心，以产业发展为切入口，借助短视频之力，创新推动乡村发展，实际效果和项目意义显著。

3. 项目特色

快手通过短视频和直播的形式展示家乡原生态的风土人情，获得大量网友的关注和喜爱，并带动所在地区的土特产、文化产品销售，增加旅游收入，探索出一条可持续的短视频脱贫之路。报告显示，在中国贫困地区，每4人中就有1位活跃的快手用户。2019年4月23日至2020年4月23日，快手在国家级贫困地区记录生活的视频总数超29亿条，点赞数超950亿次，播放量超16538亿次。贫困地区用户最爱发布的短视频类型分别是生活、三农、亲子、颜值、情感等；最爱直播的类型分别是日常生活展示、才艺技能展示、宅人娱乐等。对身边生活的关注、拍摄和分享，对很多人而言是随心记录的起点，也是让生活越来越好的转折点。

4. 项目成果与影响力

短视频和直播记录着家乡的变化和留在家乡的人，让漂泊在外的人看见了家乡的发展机遇、重新建构起对家乡文化的认同，为家乡感到骄傲并选择拥抱家乡。"快手幸福乡村带头人计划"通过提供培训和流量支持，赋能带头人带动乡村产业发展、增加当地就业，进而带动贫困人群脱贫。截至2020年8月，项目覆盖20个省（自治区）51个县（市、区），共发掘和培养68位乡村创业者，提供超200个在地就业岗位，累计带动超过 3000 个贫困户增收。带头人在地产业全年总产值达 2000 万元，影响覆盖数百万人。

（七）案例 7：美团"乡村振兴电商带头人计划"

1. 案例背景

在"十四五"开局之年，国家把乡村振兴推上新的战略高度。2021 年 2 月 21 日，《中共中央 国务院关于全面推进乡村振兴加快农业农村现代化的意见》（即 2021 年中央一号文件）发布。文件指出，民族要复兴，乡村必振兴。要坚持把解决好"三农"问题作为全党工作重中之重，把全面推进乡村振兴作为实现中华民族伟大复兴的一项重大任务，举全党全社会之力加快农业农村现代化，让广大农民过上更加美好的生活。当下，中国电商依然处于高速发展期，农村电商可以嫁接起农产品与用户的直接连接，助力乡村振兴和共同富裕。无论是乡村振兴还是农村电商，关键在人尤其在于带头人，因此培养电商带头人就迫在眉睫。

2. 项目发展历程

2021 年农民丰收节之际，美团推出的"乡村振兴电商带头人培训计划"有了新动作。美团副总裁陈荣凯表示，在现有推出的培训计划基础上，将全面升级课程体系、新设专家后援顾问团，并在未来三年至少免费培训 10 万名致富带头人，做到 160 个国家乡村振兴重点帮扶县全覆盖，助力县域产业发展与乡村振兴。

6月18日，"乡村振兴电商带头人培训计划"启动仪式暨首期培训在京举行。为响应国家乡村振兴战略，商务部中国国际电子商务中心以及美团作为主办方，共同推出此项计划。中央统战部光彩事业指导中心、农业农村部管理干部学院以及来自全国各地的约80名驻村第一书记、农业电商从业者等参加了启动仪式和首期培训。据了解，除了农产品电商运营，培训升级后的新课程系统共包括"农业企业经营管理及创新""休闲农业与互联网运营""乡村旅游及景区线上化""酒店及乡村民宿服务运营""社区电商及团长培养""新餐饮创业及营销技法"等教学板块，共计约200门主题课程。

3. 项目特色

不同于泛泛的培训，在各地培训过程中，除前期根据当地特点针对性选择课程外，还将收集每一期参训学员的学习反馈，不断总结经验，并通过学员管理线上化、重点案例跟踪辅导等方式持续拓展培训工作，以更加精准有效的智力帮扶助力乡村人才振兴。此外，培训还将持续发掘拥有较强学习意愿的驻村第一书记及电商带头人代表，每年组织优秀学员强化训练营。此外，培训计划专门组建"乡村振兴电商带头人培训计划"专家后援顾问团，由专家亲赴现场，实地调研，针对专业问题进行点对点指导。未来，后援顾问团的专家阵容还将持续"扩容"，覆盖种植产业、养殖产业向旅游规划、生态建设等全产业链，解决不同地域的"疑难杂症"。

培训与业务相衔接，是培训计划的一大特点。为使培训更具实效性，美团在培训期间积极调动更多资源，提供业务对接渠道、组织优秀案例交流，让学员不仅可以学习电商运营知识，还可以与美团农特产品采购团队建立直接联系，进而促成农特产品采购签约意向。

4. 项目成果与影响力

自2021年6月18日启动以来，截至2021年11月末，培训计划目前已在全国落地14期共20场线下培训，已派出37名公益讲师累计培训驻村第一书记及致富带头人1712人。与此同时，录制课程在"学习强国""美团培训"上线后已有3.6万人学习浏览。培训满意度调查显示，超过96%的学员对培训给出五星及四星的好评，认为该项目显著地助力县域产业发展与乡村振兴。

（八）案例8：百度"互联网+精准扶贫"

1. 案例背景

在中国脱贫攻坚过程中，如何对贫困人口精准识别、找到合适的路径进行精准扶贫就至为重要，这为具有庞大用户资源的互联网企业提供了"互联网+精准扶贫"广阔的空间和挑战。

2. 项目发展历程

早在 2009 年，百度就正式加入中国绿色电脑扶贫行动。百度将重心放在了如何利用自己的技术优势有效地提升扶贫的效率方面。

2016 年，百度基金会依托于百度自身技术和产品优势，凭借对大数据的深刻理解力与强大掌控力，针对扶贫领域展开深入工作，充分发挥平台优势，助力精准扶贫。其中，百度基金会与中国扶贫基金会达成战略合作，共同启动百度扶贫基地，推进产业扶贫。

自百度公益扶贫计划开展以来，百度扶贫小组一直致力于一系列的精准扶贫活动。百度扶贫小组曾进驻胶州市胶莱镇进行精准扶贫活动，与农业大学专家一起为这里的农民朋友传授农产品推广知识，以及农产品种植科技知识，并对农产品滞销问题、网络推广传播这些问题进行细致解答；通过百度的推广，栖霞市枫木苗木专业合作社实现了产品销售无缝对接；通过百度基金会"山西省中阳县扶贫基地"的启动，伴随着中阳县木耳项目的展开，全县经济产业得到拉动，有效帮助当地摘掉了"贫困帽"；百度与陕西汉中扶贫办工作人员自主开发"互联网+精准扶贫"信息系统，帮助工作人员快速识别出急需帮助的家庭，使得扶贫工作有效推进。

3. 项目特色

百度"互联网+精准扶贫"的主要特色：大数据

定位，精准挖掘需求。一是确保把真正的贫困人口弄清楚，把贫困人口、贫困程度、致贫原因等搞清楚，以便做到因地施策、因户施策、因人施策，这是大数据实施精准扶贫的重要工作。二是信息闭塞是导致贫富差异两极化的重要原因，因此百度帮助建立贫困地区网络基础设施建设，改善贫困人口和贫困家庭上网条件。三是充分利用好扶贫地区的特色资源，实施"大数据+现代山地特色高效资源"的电商扶贫模式，实现从"授鱼"到"授渔"的转变。

4. 项目成果与影响力

百度利用大数据通过 8 个指标来分析多维度、复杂的贫困问题，并依此对中国 2284 个县进行了有针对性的解析。截至 2021 年年底，百度已经在山西中阳、陕西汉中、安徽寿县等地对贫困人口精准识别、精准帮扶，取得了较好成效。

（九）案例 9：网易公益"一块屏"

1. 案例背景

2018 年年末，一篇《这块屏幕可能改变命运》的报道刷屏网络，网易公司 CEO 丁磊看完后深受感动，决定支持更多偏远地区的学校落地网课模式，希望通过一块小小的屏幕，让农村和山区的孩子们打开手机和电脑就可以享受到同等的教育资源，"让知识无阶层流动，让中国处处都是学区房"。

2. 项目发展历程

从 2018 年起，网易公益发起"一块屏"项目，开始将网课直播引入偏远地区学校进行试点。2019 年，网易公益"一块屏"在数字科技推动教育普惠上迈出了重要一步，为四川省十余个县超百所学校正式开设了网课直播班，上万学子因此受益。

2020 年 9 月 22 日，网易公益"一块屏"教育扶贫试点基地捐赠仪式在湖南省邵阳县玉田中学举行。捐赠内容展现出重大突破，不仅有涵盖课堂内外的丰富的数字教学资源，还集合了人工智能、大数据等先进科技的智能教育硬件设备，同时还捐赠了教育平台产品以保证数字教育资源的顺畅运用，打造了"硬件+软件+平台"的全方位、立体化捐赠模式。这些内容和设备被捐赠给湖南省邵阳县塘渡口镇玉田中学、五峰铺镇六里桥中学、白仓镇中学等 10 所中小学，用"一块屏"帮助 12000 余名学生成长。

2021 年 1 月，网易公益"一块屏"首站从重庆市巫山县起航，为巫山县 15 所中小学带来了智慧录播教室、有道智能学习终端、有道优课小图灵少儿编程课程等一系列智慧教育资源，14000 余名巫山县义务教育阶段的学子获益。

2021 年 4 月 27 日，网易公益"一块屏"教育公益捐赠仪式在贵州省遵义市正安县正安一中举行。正安县是网易公益"一块屏"2021 年落地的第二站。此次捐赠中，网易公益针对当地实际教育需求，集合了网易集团旗下网易有道、网易公开课、网易云音乐等产品的教育科技力量，为正安县的11所中小学提供了"硬件+软件+平台"的立体化智能教育解决方案。

3. 项目特色

第一，资源整合，深化教育公益模式。网易公益"一块屏"集合集团整体的教育科技力量，希望通过网易新闻的媒体平台，集结社会上更多的公益力量，持续关注贫困地区教育问题，通过智能硬件、优质课程、信息化平台等教育资源的援助，让偏远地区的学子也获得平等的教育机会。帮扶项目重视通过社会公益手段提高教育的公平性。

第二，量体裁衣，探寻公益新模式。网易公益"一块屏"坚持将教育公益落到实处，根据捐赠地的需求，不断升级教育公益模式，从以搭建信息交流平台、引入网课为特点的"1.0模式"和输送优质的在线教育内容资源为特点的"2.0模式"，进一步升级为"硬件+软件+平台"的互联网教育公益"3.0模式"，再到加大智慧教育投入力度探索的新模式。帮扶项目重视通过科技手段提高公益的智慧性。

4. 项目成果与影响力

截至目前，全国共有十余个县、超百所学校、数万名学子因此受益。在最初四川省攀枝花市盐边中学的网易公益网课试点班里，经过网课学习，学生的总平均分比普通班高出120—140分，学生期末考试比期中考试单科成绩提高了 15—20 分。

（十）案例 10："腾讯公益平台"

1. 案例背景

首先，随着经济的发展和社会的进步，企业和个体参与社会公益活动的意愿增加，但由于信息的闭塞和相关机制的缺乏，一方面使得公益组织的运行效率低下且透明度不够，另一方面也让社会大众缺乏参与的渠道。其次，恶意利用公益活动诈捐的负面新闻频出，人们对公益活动的信任值难以提高，受助人、公益组织、意向捐助人始终缺乏有效的对接渠道。最后，不断迭代创新的互联网技术，通过在线展示和移动支付，公益项目的发布、公益资金的筹集、使用都更加便捷、透明，能在解决信任的基础上有效对接捐助人与公益项目。

2. 项目发展历程

腾讯公益平台是先进的数字化能力与公益业有机融合的产物。该平台由腾讯基金会在 2007 年发起并运营，公司无偿提供服务器、带宽和技术支持，为慈善组织提供免费、开放式互联网募捐信息平台。腾讯公益平台的发展经历了四个阶段，第一个阶段为草创阶段。腾讯公益平台于 2008 年汶川地震后开通，在短短几天内，筹款额超过 2000 万元，首创纪录。第二个阶段为常态化运营阶段。2009 年推出"腾讯月捐计划"，并由此开始系统化、常态化地运营互联网募捐信息平台。第三个阶段是"社交+公益"阶段。2014年8月，腾讯公益联合微信平台推出"一起捐"，使得劝捐者从平台变为用户，第一次使得募捐充分利用了用户的社交网络。2015年年初，腾讯将9月9日定为一年一度的公益日，通过开放微信朋友圈、为公益项目提供配捐等一系列机制为公益组织提供广阔的发展空间。第四个阶段为公益数字化阶段。2021年，在公司成立可持续社会价值创新事业部，并发起"共同富裕专项计划"之后，在配捐机制、产品体系、企业联动、公益基础建设四个方面进行了全面升级。

3. 项目特色

迭代创新的数字化能力与社会公益事业的不断融合与再造是腾讯公益平台的主要特色。在发展的第一阶段和第二个阶段，平台利用数字技术做爱心人士、企业和慈善机构的连接器，深度连接慈善机构和用户，同时也积极推动更多的人参与到公益慈善事业中来。在第三个阶段，平台把移动互联网和社交技术引入社会公益事业，募捐成为用户间的行为，根本性地改变了公益募捐的进行方式。此后，通过引入第三方公司、区块链技术来确保信息披露的严谨、真实，致力于实现"可见的社会价值、可靠的资金流向"，为每一个有心向善的人提供可靠的平台，还联合腾讯旗30余款产品与"99公益日"深度结合，把各自积累的产品经验和运营玩法转化为公益力量。用户可以在产品里进行公益答题、捐时长、捐积分，从而为相应的公益项目贡献一份力量。2021年5月，腾讯公益基金会依托腾讯公益平台发起"千百计划"，即补贴1000名公益机构的"数字化专职人员"，资助100个"公益数字化行业支持计划"。"千百计划"希望可以帮助公益性社会组织依托互联网公益平台，共建可持续社会价值创新项目。同年12月，还发起了"技术公益创投计划"，重点关注缺乏资金资助、技术支援、运营指导、传播渠道、志愿者能力的五类社会企业和公益组织。未来，将把平台的"公益数字化"能力向整个公益事业迁移和转化，以实现公益事业的数字化。

4. 项目效果与影响力

2014年年筹款额突破1亿元，成为国内首屈一指的互联网公益平台；2020年，腾讯出资15亿元成立专项"战疫基金"，网络公益捐赠总额突破100亿元；2021年，基金会投入50亿元用于"99公益日"及后续的激励金支持、公益数字化建设以及一线公益帮扶，为中国公益事业的可持续健康发展提供助力，为三次分配提供有力的公益技术平台和数字能力服务保障。9月1日至9月9日，"99公益日"活动的用户捐款总额35.69亿元，捐款总人次6870万人，共带动超过12000家企业参与。其中9月5日为"共同富裕主题日"，共473万人次捐出2.7亿元，加上腾讯基金会的1.6亿配捐，合计筹集4.3亿元善款；截至2022年上半年，平台网站显示历史募捐总额已经超过185亿元，历史爱心总计超过6.2亿人次,成为世界上最大的互联网募捐平台。其中,"99公益日"已有超过500家公益组织、数十家爱心企业参与。筹集善款用于帮助灾后重建、乡村振兴、弱势人群等促进共同富裕、共享美好生活的项目,重点覆盖中西部、山区农村等多个欠发达地区。

  腾讯公益平台所提出的"公益2.0"理念也已经成为公益业的共识,即利用互联网领域的技术、传播优势,让公益和民众互动起来,让广大网民成为公益主角,实现"人人可公益,民众齐参与"的局面。在其示范带动下,互联网企业纷纷创建互联网募捐信息平台,截至2021年11月,民政部指定的互联网募捐信息平台已经有30家,将合力推进中国公益事业的整体数字化。显而易见,腾讯公益平台已经成为"三次分配"的重要平台和渠道,未来将在共同富裕中做出更大的贡献。

附录二 评价方法说明

（一）指导原则

1. 科学性

本研究建立在科学理论基础上、采用科学研究方法，即在理论分析和科学论证的基础上，结合实证研究，通过量化相关性分析方法提炼决定共同富裕的影响因素，构建评价模型，从而确保研究成果的科学性。

2. 客观性

本研究从三个方面保证评估的客观合理：一是评价模型全部选择客观评价指标，避免主观评价指标；二是采用样本公开披露数据；三是赋权采用熵值法，进行客观量化赋权。

3. 可行性

本研究从理论分析分析出发，考虑数据可得性基础上，选取定量评价指标，从而确保评估过程的可行性、评估结果的有效性。

（二）评价方法选择

贯彻科学性、客观性、可行性原则，本研究采用综合指标评价法，对互联网平台企业助力共同富裕构建"综合指数"。综合指标法是将不可同度量的变量通过同度量因素的变量转换为可相加的总量指标，然后以总量指标对比所得到的相对数来说明复杂现象量的综合变动的一种指数量化方法。

（三）样本与数据

1. 样本

本研究选取境内外上市的互联网平台企业，具体包括境内在上交所、深交所，境外在中国香港上市和美国上市的互联网平台企业，共计41家。样本公司具体情况见表8。

表8　　　　　　　　样本公司及分类

证券代码	证券简称	平台类型	平台级别
0700.HK	腾讯控股	社交娱乐类	超大型
BABA.N；9988.HK	阿里巴巴	网络销售类	超大型
JD.O；9618.HK	京东集团	网络销售类	超大型
3690.HK	美团—W	生活服务类	超大型
BIDU.O；9888.HK	百度集团—SW	信息资讯类	大型
PDD.O	拼多多	网络销售类	大型
1810.HK	小米集团	计算应用类	大型

续表

证券代码	证券简称	平台类型	平台级别
BEKE.N	贝壳	网络销售类	大型
TCOM.O	携程网	生活服务类	大型
NTES.O	网易	社交娱乐类	大型
BILI.O	哔哩哔哩	社交娱乐类	大型
WB.O	微博	社交娱乐类	中小型
300413.SZ	芒果超媒	社交娱乐类	中小型
0780.HK	同程艺龙	社交娱乐类	中小型
002624.SZ	完美世界	社交娱乐类	中小型
300418.SZ	昆仑万维	社交娱乐类	中小型
002558.SZ	巨人网络	社交娱乐类	中小型
603533.SH	掌阅科技	社交娱乐类	中小型
300364.SZ	中文在线	社交娱乐类	中小型
300315.SZ	掌趣科技	社交娱乐类	中小型
HUYA.N	虎牙直播	社交娱乐类	中小型
DOYU.O	斗鱼	社交娱乐类	中小型
CMCM.N	猎豹移动	社交娱乐类	中小型
YY.O	欢聚	社交娱乐类	中小型
300226.SZ	上海钢联	网络销售类	中小型
VIPS.N	唯品会	网络销售类	中小型
ATHM.N；2518.HK	汽车之家	网络销售类	中小型
MOGU.N	蘑菇街	网络销售类	中小型
002803.SZ	吉宏股份	网络销售类	中小型
1833.HK	平安好医生	生活服务类	中小型
TOUR.O	途牛	生活服务类	中小型
JOBS.O	前程无忧	生活服务类	中小型
LEJU.N	乐居	生活服务类	中小型
SFUN.N	房天下	生活服务类	中小型
300295.SZ	三六五网	生活服务类	中小型

续表

证券代码	证券简称	平台类型	平台级别
DUO.O	房多多	生活服务类	中小型
QTT.O	趣头条	信息资讯类	中小型
SOHU.O	搜狐	信息资讯类	中小型
002467.SZ	二六三	信息资讯类	中小型
601360.SH	三六零	计算应用类	中小型
600640.SH	新国脉	计算应用类	中小型

2. 数据来源及处理

（1）数据来源

本报告采用Wind数据库、国泰安数据库、互联网企业官网公开披露的数据和信息，搜集样本公司2018—2020年的数据，并进行5%缩尾处理。

（2）缺失值处理

对于缺失指标主要采用差分法：一是按照企业自身增长状况进行差分；二是采用细分行业均值，结合企业特征值进行差分。

（3）负向指标处理

评价指标分为正向指标与负向指标，对于负向指标，本研究在标准化时进行了正向化，并在计算得分时进行减值处理。

（四）权重的确定

1. 权重的初步计算

本研究在计算样本公司2018—2020年三年数据均

值基础上，采用熵值法计算各指标权重。

基本思路是根据指标变异性的大小来确定客观权重。一般来说，若某个指标的信息熵指标权重确定方法之熵权法越小，表明指标值的变异程度越大，提供的信息量越多，在综合评价中所能起到的作用也越大，其权重也就越大。相反，某个指标的信息熵指标权重确定方法之熵权法越大，表明指标值的变异程度越小，提供的信息量也越少，在综合评价中所起到的作用也越小，其权重也就越小。

首先，需要将各个指标的数据进行标准化处理。假设给定了 k 个指标 X_1，X_2，$\cdots$，X_k，其中，$X_i = \{x_1, x_2, \cdots, x_n\}$，$n$ 一般指 n 家企业等。假设对各指标数据标准化后的值为 Y_1，Y_2，$\cdots$，Y_k，那么 $Y_{ij} = \dfrac{x_{ij} - \min(x_i)}{\max(x_i) - \min(x_i)}$。正向指标用 $x - \min$ 进行处理，逆向指标用 $\min - x$ 进行处理。为了消除零值的影响，需要对无量纲后的数据进行整体平移，即 $Y_{ij} = Y_{ij} + \alpha$，其中 α 要尽可能小，比如 0.0001。

其次，计算各个指标的信息熵，根据信息论中信息熵的定义，一组数据的信息熵 $E_j = -\ln(n)^{-1} \sum_{i=1}^{n} p_{ij} \ln(p_{ij})$。其中，$p_{ij} = \dfrac{Y_{ij}}{\sum_{i=1}^{n} Y_{ij}}$，如果 $p_{ij} = 0$，则定义 $\lim\limits_{p_{ij} \to 0} p_{ij} \ln(p_{ij}) = 0$。

最后，确定各个指标的权重。根据信息熵的计算公式，计算出各个指标的信息熵为 E_1，E_2，$\cdots$，E_k。通过信息熵计算各指标的权重：$W_i = \dfrac{1-E_i}{k-\sum E_i}(i=1,2,\cdots,k)$。

按照上述方法计算的各级指数权重如表9所示。

表9　互联网平台企业助力共同富裕综合评价指数权重分布　　（单位:%）

综合指数		分指数		子指数	
价值创造	46	直接价值创造	17	企业绩效	17
		间接价值创造	29	创新贡献	11
				外溢效应	18
价值分配	54	初次分配	27	劳动报酬	15
				资本报酬	12
		再分配	13	税收贡献	13
		三次分配	14	企业捐赠	14

注：因采用相对客观的熵值法为共同富裕指数进行赋权计算过程中非常依赖数据质量和样本离散程度，因此表中给出的权重中创新贡献和外溢效应的权重可能低于两者在互联网助力共同富裕的作用。

2. 指标缺失情况下权重调整

考虑到在实际评分时部分公司的个别指标数据存在缺失，最终权重的确定采用动态分配法获得。即如果某一项指标数据缺失，则将该指标的初始权重分配到其他没有发生数据缺失的指标上，从而使得无数据缺失的指标权重合计为100%。举例来说，如果A、B、C三项指标的权重分别为50%、30%、20%，三者合计为100%。如果C指标数据缺失，则将C指标的20%权重按照A和B指标原有的权重比例分配到A和B指标上，为A和B指标重新确定权重。具体计算公式为：

A 指标新的权重 = 50%/（50% + 30%） = 62.5%

B 指标新的权重 = 30%/（50% + 30%） = 37.5%

（五）指数测度

1. 在理论与实践分析基础上，确定评价指标。

2. 选取样本公司 2018—2020 年的原始数据，按照公式计算出指标数值，对缺失数据进行补齐。

3. 对指标值进行去量纲、标准化、逆向指标正向化等处理。

4. 计算指标权重值。

5. 根据处理后的指标数据、指标权重值，按照综合评价模型，逐层计算出子指数、分指数及总指数的初步得分。

6. 最终综合得分采用百分制，最高分为 100 分，最低分为 1 分。在计算的初步得分基础上，按照初步得分最高公司为 100 分的标准，在 1 分区间内，按照百分制对其他公司进行相对化处理，最终得出综合得分。因此，综合评价结果本质上是样本公司的相对评分，表明样本公司之间的相对差异。

主要参考文献

《2020年四季度我国互联网上市企业运行情况》，2021年1月7日，中国信息通信研究院网站，http://www.caict.ac.cn/kxyj/qwfb/qwsj/202101/P020210107581295778200.pdf。

《"十四五"数字经济高质量发展的行动纲领》，2022年1月19日，求是网，http://www.qstheory.cn/qshyjx/2022-01/19/c_1128277926.htm。

《国务院关于印发"十四五"数字经济发展规划的通知》，2022年1月12日，中华人民共和国中央人民政府网站，http://www.gov.cn/zhengce/content/2022-01/12/content_5667817.htm。

《肖亚庆：大力推动数字经济高质量发展》，2021年7月16日，中华人民共和国中央人民政府网站，http://www.gov.cn/xinwen/2021-07/16/content_5629272.htm。

《中国数字经济发展白皮书》，2021年4月25日，中国信息通信研究院网站，http://www.caict.ac.cn/kxyj/qwfb/bps/202104/P020210424737615413306.pdf。

黄泰岩、刘宇楷：《共同富裕的理论逻辑与价值取向》，《光明日报》2021年9月14日第11版。

李海舰：《关于数字经济界定的若干认识》，《企业经济》2021年第7期。

李海舰、杜爽：《推进共同富裕若干问题探析》，《改革》2021年第12期。

厉以宁：《关于市场经济体制的几个问题》，《党校科研信息》1992年第23期。

隆云滔、王韵、王晓明：《数据资讯：全球互联网头部企业科研产出》，《中国科学院院刊》2022年第1期。

汤道生、朱恒源编著：《产业互联网的中国路径》，中信出版集团2020年版。

汪向东主编：《数字科技：扶贫兴农新利器》，人民出版社2020年版。

杨团、朱建刚主编：《慈善蓝皮书：中国慈善发展报告（2021）》，社会科学文献出版社2022年版。

中国网络空间研究院编著：《中国互联网发展报告2021》，电子工业出版社2021年版。

Bruno Jullien, Wilfried Sand-Zantman, "The Economics of Platforms: A Theory Guide for Competition Policy", *Information Economics and Policy*, Vol. 54, March 2021.

后　记

本书把互联网平台企业与共同富裕这两个重要的经济与社会问题进行交叉研究，具有重大的理论与现实意义，无论从理论还是实证研究角度都是全新课题，由此也为研究提出了挑战。本书从微观视角出发，尝试利用微观企业的数据来度量微观主体对共同富裕的贡献，选取境内外上市互联网平台企业为研究样本。由于微观企业数据的可得性和局限性，本书构建的评价模型对于全面衡量互联网平台企业对共同富裕的贡献不够全面。此外，由于大量的互联网平台企业是在境外上市，不同上市地点遵循的会计准则、会计标准、会计周期、披露语言均有所不同，因此给数据资料的搜集、整理、统一标准进行分析都带来一定难度。为此，首先感谢课题组团队的辛勤付出，从不同语言、不同会计准则下的会计报表、审计报告、社会责任报告中以及上市公司数据库中搜集核实数据和相关信息资料。还要特别感谢中国社会科学院数量经济与技术经济研究所党委书记、副所长李海舰研究员，中共中央党校（国家行政学院）经济学部原主任周绍朋教授,"三农"学者、中国社会科学院信息化研究中心原主任汪向东研究员,中国社会科学院大学副校长高文书教授,中国社会科学院经济研究所《经济研究》编辑部主任金成武研究员,中国社会科学院数量经济与技术经济研究所《数量经济技术经济研究》杂志社社长、《中国经济学》主编郑世林研究员,中国社会科学院数量经济与技术经济研究所经济研究室主任蔡跃洲研究员,国家发改委产业经济研究所产业结构与政策研究室主任王云平研究员对本书提出的宝贵意见和建议,是他们的深刻洞见提升了本书的质量。本书作为中国社会科学院创新工程基础研究学者项目(XJ2022005)的阶段性成果,要特别感谢中国社会科学院数量经济与技术经济研究所科研处韩胜军处长、张杰副处长一直以来对课题研究工作的支持和韩胜军处长对本书顺利出版提供的帮助。另外,本书得到了中国社会科学出版社国家智库报告项目的出版资助,中国社会科学出版社智库成果出版中心常务副主任喻苗、周佳编辑为本书的及时出版付出了大量辛勤劳动,为完善本书的语言文字提出了许多宝贵建议,大大提升了本书的可读性,在此致以诚挚谢意。

目前,对于共同富裕的理论认识和实证研究,社会各界都在进行深入探讨,对于平台企业的相关问题也还存在一定争议。本书开创性地将两方面结合起来进行研究,尽管存在一些不足,一些方面仍不够深入,但提出了一些当前需要进一步探讨的问题,希望能够引发社会各界的探讨和思考。最后须郑重声明,本书作为学术研究成果，书中内容仅代表笔者的个人学术观点，文责自负，不代表所在工作单位的观点和意见。本书写作难免存在一些问题，也敬请各界专家和读者批评指正。

胡洁

2022 年 6 月

胡洁 中国社会科学院数量经济与技术经济研究所研究员，中国社会科学院大学教授、博士生导师。2002年毕业于中国社会科学院研究生院工业经济系，获管理学博士学位。2008—2009年哈佛大学法学院访问学者。研究领域：金融经济学、公司金融、企业管理。对中国金融改革、资本市场、国企改革的现实问题有深入研究，曾主持和参与多项国家部委、金融机构、地方政府、企业及有关机构委托的研究课题和咨询项目，并在国内外期刊发表多篇学术论文。

郭全中 中央民族大学新闻与传播学院教授，曾任中共中央党校（国家行政学院）文史教研部高级经济师。中国人民大学管理学博士、北京大学光华管理学院博士后。主要研究领域为基于互联网的产业融合、大数据、传媒产业、文化产业等。主持和参与了多项国家社科基金重点项目、世界银行项目、国家部委以及企业委托研究项目。曾担任多家上市公司的独立董事和多家公司专家组成员。发表论文数篇，有多篇论文被《新华文摘》、中国人民大学复印报刊资料全文转载，3篇论文获得省部级奖励。

吕峻 管理学博士，中国社会科学院数量经济与技术经济研究所副研究员。曾在美国宾夕法尼亚大学做访问学者一年。主要研究领域：公司财务、创新金融、项目评估，主持或参与过多项中国社会科学院学术研究课题研究，并参与包括三峡工程等在内的多项国家、企业和地方政府的项目评价、战略规划、融资规划、战略管控、并购估值等课题工作。